COLLECTION SAINT-MICHEL

VOYAGE
AUTOUR DE SOI-MÊME

PAR

RAOUL DE NAVERY

PARIS
G. TÉQUI, LIBRAIRE-ÉDITEUR
DE L'ŒUVRE DE SAINT-MICHEL
6, RUE DE MÉZIÈRES, 6.

1878

DERNIERES PUBLICATIONS

DE L'ŒUVRE SAINT-MICHEL

Paris. — Imprimerie Saint-Michel. — Apprentis de Saint-Nicolas. — 92, rue de Vaugirard.

VOYAGE
AUTOUR DE SOI-MÊME

Paris. — Imprimerie St-Michel. — G. Téqui. — Apprentis de St-Nicolas. — 92, rue de Vaugirard.

COLLECTION SAINT-MICHEL

VOYAGE AUTOUR DE SOI-MÊME

PAR

RAOUL DE NAVERY

PARIS
G. TÉQUI, LIBRAIRE-ÉDITEUR
DE L'ŒUVRE DE SAINT-MICHEL
6, RUE DE MÉZIÈRES, 6.

1878

VOYAGE AUTOUR DE SOI-MÊME

Γνῶθι σεαυτὸν

I

UNE BONNE PLAISANTERIE

La vie est vraiment plus bizarre que je ne croyais. Il m'est arrivé souvent de l'accuser de manquer d'imprévu, d'originalité, de la comparer à une route unie, sans ornières et sans fossés ; je suis servi à souhait maintenant, j'épuise une série de surprises, je tombe de l'étonnement dans la stupéfaction.

Ni les pièces de théâtre, ni les romans, n'atteignent la joyeuseté de mon aventure! Il ne me manque qu'un ami à qui j'en pourrais narrer les détails ! Rirons-nous tous, mon Dieu, quand nous nous écrierons : — La farce est jouée ! Faute d'un confident de tragédie, d'un ami de vaudeville, je me raconte mon histoire à moi-même. Puis-je trouver ami plus complaisant, confident plus discret? Sans doute mon histoire garde un côté triste; cette aventure me retient prisonnier pour quelques heures, et ma présence était nécessaire à ce cher Eusèbe Mayor ; mais dès que je l'aurai revu, le récit qu'il entendra le guérira mieux que toutes les ordonnances du médecin.

Je regrette bien que l'on ne joue pas sous ma fenêtre la romance de Blondel dans Richard Cœur-de-lion. La couleur locale de la situation serait complétée par la musique.

Personne, à l'heure qu'il est, ne devine où je suis...

Barthélemy Franzon me croit à mon bureau; Eusèbe s'imagine que je n'ai pas quitté Marseille; ma mère se demande avec inquiétude si je ne rentre pas d'une sortie trop prolongée; Gustave frappe à ma porte, et ne me trouvant pas, il court à la gare!

Pauvre cher Gustave, nous dinerons ce soir ensemble et je lui résumerai mes impressions.

Les impressions d'un captif!

C'est à mourir de rire, ma parole d'honneur!

Moi, ici!

Moi, comme on dit dans les mélodrames, couché sur la paille humide des cachots!

Je ne me suis jamais tant amusé de ma vie, même dans mes plus grands jours de folie!

En prison !

Aurais-je omis de remplir mes devoirs de citoyen, et de revêtir au jour fixé par le bulletin un uniforme de garde national ?

Aurais-je écrit une brochure politique ou raconté, dans un roman, des scènes d'un réalisme dangereux ?

Ou bien ai-je oublié les lettres de change souscrites à maître Abraham Maillefer ? L'honnête juif, il est vrai, ne manquerait point de me poursuivre, si je ne me montrais extrêmement facile sur le chapitre des intérêts progressifs et composés qu'il règle seul et que j'approuve aveuglement...

En prison... sous la prévention de vol et d'assassinat !

II

INTRA-MUROS

Cette horrible méprise ne peut manquer d'être promptement expliquée. Je me suis nommé. On prendra des informations, et je serai relaché. Il est facile d'acquérir la preuve de mon identité ; j'avais sur moi des lettres, un passeport. On a tout pris, même ma montre et mon porte-monnaie...

Séduisez donc les geôliers maintenant! Les moyens d'évasion restent exclusivement le partage des héros de drames et de vaudevilles.

Avec ce qui m'arrive, on en ferait un bien gai! Ne suis-je pas dès ce moment une victime? Je viens de faire un trajet fort désagréable, ensomme! Ce n'est pas un Calvaire, sans doute, mais il est pénible d'être appréhendé au corps par les agents de la force publique, au milieu d'un cercle de curieux, de malveillants ou du moins d'indifférents, d'être jeté au fond d'une voiture et d'arriver au greffe d'une maison d'arrêt sans rien comprendre à ce qui se passe.

Je crois toujours entendre retentir à mes oreilles ces cris forcenés:

— Au voleur! à l'assassin! Il est pris! Le misérable est arrêté!

III

VŒ SOLI!

Un homme à figure sinistre vient d'entrer dans mon cachot; il m'a demandé si je souhaitais quelque chose.

— Pardieu! ai-je répondu, je désire ma liberté.

— Ceci ne dépend pas de moi.

— L'inspection de mes papiers ne suffit-elle pas pour établir ma personnalité ?

— Sans doute, mais il s'agit de votre identité.

— Avec qui?

— Avec l'assassin, a répliqué l'homme en haussant les épaules, comme si je le forçais à dire une chose que je sais trop bien.

— Et je resterai ici?

— Jusqu'à l'arrivée de M. le juge d'instruction.

— Doit-il bientôt venir?

— Oh ! pas aujourd'hui ; le criminel donne beaucoup depuis un mois et il y en a d'inscrits avant vous.

— Pouvez-vous me procurer du papier, de l'encre, des plumes ?

— Volontiers.

L'homme m'a apporté tout cela.

Après s'être informé si je ne désirais plus rien, il est sorti et il a verrouillé ma porte.

Je puis écrire, au moins !

IV

TOPOGRAPHIE

On compte dans ma chambre dix pieds de long sur huit de large. Une étroite fenêtre, à grilles de fer, laisse tomber un jour douteux et blafard. A peine permet-il de lire les phrases, les dates et les noms inscrits sur la muraille.

La plupart de ces phrases sont des protestations d'innocence, les autres insultent la société ; le plus petit nombre renferment l'expression d'une conscience effrayée, ou le cri d'angoisse jeté du fond de l'abîme vers Dieu, qui peut seul l'entendre et le recueillir.

Je remarque aussi des dates funèbres, des mots capables de glacer le sang, des noms de bandits devenus populaires.

Au-dessus de ma couchette, on a gravé distinctement : «Mon pourvoi a été rejeté avant-hier : c'est pour demain ! »

A l'aide d'un morceau de charbon, une main habile a esquissé deux têtes d'enfants vagues de contour, d'autant plus poétiques qu'elles sont moins indiquées.

Puis, deux noms : Paul, Amille.

Plus loin, je découvre un mot dont l'abusif emploi sert d'excuse apparente aux hommes manquant de courage ou de bon sens : — Fatalité ! — Comme si le libre arbitre n'anéantissait pas sans retour cette divinité sourde et aveugle des temps antiques.

Pêle-mêle, en zigzag en tous sens, s'enchevêtrent des signes cabalistiques, des emblêmes, des hiéroglyphes, compréhensibles sans doute pour des voleurs d'une même bande et parlant le même argot. Album sinistre, autographes tracés avec du sang et de la boue, racontant dans leur laconisme des faits atroces, dévoilant des âmes de scélérats pour lesquels la justice manque de châtiments égaux aux forfaits.

Rien de consolant autour de moi !

Et dans mon cerveau cette pensée fixe, inexorable : « On me croit coupable d'avoir commis le crime puisqu'on me jette aussi brusquement en prison ! »

V

SANS REPROCHE, NON SANS PEUR.

Je venais d'écrire à Gustave Louviers, mon meilleur ami, avocat de talent et homme de cœur, qualité vale bien la peine qu'on la mentionne, dans un temps où le sentiment du moi étouffe trop souvent la sensibilité native; mais le guichetier, malgré les promesses faites par son sourire, a repoussé ma lettre en disant :

— Monsieur, attendez l'interrogatoire du juge d'instruction; jusque-là vous êtes au secret.

Au secret!

Je n'ai le droit de parler à personne, de crier à personne :

—Venez répondre de moi!

Il me faut rester seul avec moi même.

La pensée! voilà l'unique liberté que nul ne peut me ravir.

Mais cette faculté même se change en supplice. Je tourne et retourne sous toutes les faces l'événement de ce matin; j'ignore les détails du crime dont on m'accuse. Je cherche à les deviner, je les invente, je les combine, me demandant comment on peut m'attribuer une action atroce quand ma conduite a toujours été celle d'un honnête homme.

La justice! Mais je l'attends, je l'appelle je la défie!

Fouillât-elle dans mon existence depuis mes premières années de collège, elle ne saurait découvrir le moindre fait méritant même une réprimande.

Oui, je puis le dire haut et fièrement : je suis exempt de tout reproche!

VI

DEUX CISELEURS.

Je serai interrogé demain seulement.

Le nombre des prisonniers augmente; les juges d'instruction ne peuvent suffire à la pénible tâche qui leur incombe.

Passer toute une nuit dans ce cachot, sur cette paille, entre ces murs suintant le vice, c'est un supplice capable de boulverser la raison la plus saine; on ne sort pas sans souillure de ce caravonsérail de scélérats.

Oh! si ma mère savait dans quel lieu je suis!

Dieu veuille que les journaux se contentent d'un X mystérieux, quand ils raconteront la capture du misérable qui a dévalisé et assassiné un pauvre lapidaire en chambre, demeurant rue Descartes,17.

Je sais bien que, mis en présence d'un magistrat, il me suffira de raconter la vérité pour être justifié.

Cette vérité est poignante comme le tableau sinistre présenté actuellement par la mansarde du lapidaire.

L'artisan taillait des diamants; l'ami que j'allais

voir habitait également une mansarde, et c'était un poète; ses odes, ses élégies, ses poëmes, diamants purs, il les écrivait dans une pièce sans feu, sur l'angle d'une table boiteuse. Ne trouvant pas d'éditeur pour les lui acheter, il mourait de faim, lui! L'ouvrier, en tournant machinalement sa meule, gagnait un salaire à peu près suffisant; Eusèbe Mayor manquait de tout.

L'artisan a été assassiné.

Le ciseleur de vers, le sertisseur de strophes est peut-être maintenant roulé dans un drap d'hospice en attendant une bière clouée à la hâte.

VII

FAITS A CHARGE.

— Allons, monsieur, m'a dit un guichetier en m'apportant le repas du soir, il ne faut pas vous décourager; vous serez relâché demain si vous êtes innocent.

Si je suis innocent! mais, malheureux, vous paraissez en douter.

— Que voulez-vous, monsieur! l'habitude nous endurcit.

Jamais depuis quinze ans un prévenu, un accusé, un condamné n'a dit : «—je suis coupable! »

On prend les voleurs la main dans le sac sans qu'ils avouent d'avantage pour cela. La dissimulation est dans la nature de l'homme, et, à ce qu'il paraît, surtout dans l'espèce des criminels.

— Vraiment! ai-je machinalement répondu.

— Oui, monsieur, a continué le guichetier, un fameux médecin, le docteur Verneuil, collectioneur de têtes et de mains de suppliciés, le disait un jour devant moi à l'un de ses amis, maître Fauvel, le célèbre avocat : la dissimulation caractérise les carnassiers; le tigre et l'assassin; le tigre même serait, paraît-il le moins hypocrite des deux.

— Avez-vous entendu parler de mon affaire?

— Certainement... un peu... voyez-vous, les agents, les gendarmes...

— Et l'on dit?

— Dame! vous avez une charge énorme contre vous...

— Et c'est?

— La poignée de diamants bruts trouvés dans votre second porte-monnaie.

Une sueur froide coulait de mon front; mes mains tremblaient sur mes genoux.

— Mon Dieu! mon Dieu! me suis-je écrié.

Le guichetier a eu sans doute pitié de moi, car d'une voix douce il m'a insinué :

— Si vous avouiez, on aurait égard...

— Egard à quoi? me suis-je écrié en me levant comme un fou. Y a-t-il des circonstances atténuantes dans le crime d'ôter la vie à son semblable, sous prétexte que ce malheureux possédait des pierreries?...

— Le fait est que selon moi... mais c'est dans les habitudes... des avocats de chercher dans une passion la circonstance atténuante d'une autre passion... enfin si ça ne sauve pas, ça protège un peu.

Je n'écoutais plus le guichetier, je songeais aux misérables diamants; jusqu'à ce moment je les avais complètement oubliés.

Le geôlier, me voyant plongé dans mes réflexions, les a sans doute attribuées à ses paroles, car il a secoué la tête avec le sentiment d'un orgueil naïf, puis il a tiré doucement les verrous.

Je préfère ce guichetier à son rude confrère.

Il existe donc une preuve contre moi! non pas une preuve certaine, mais une présomption. Je m'explique maintenant l'opinion des agents et celle du public.

VIII

INSOMNIE.

Je n'ai pas fermé les yeux de la nuit.

Les angoisses de mon esprit, mon inquiétude au sujet d'Eusèbe Mayor m'ont tenu éveillé.

Tous les bruits de cette maison terrible se sont éteints ; seul, le cri des sentinelles a continué à mesurer les heures. Quelle lenteur dans leur marche!

Le juge d'instruction, le plus effrayant peut-être de tous les magistrats, car sa façon d'interroger est la clef de la voûte de l'accusation, le juge d'instruction va venir dans une heure.

Malgré le témoignage de ma conscience, je l'attends avec crainte. Les paroles du geôlier me reviennent à la mémoire.

Cependant tous les jours des faits accusent, des circonstances s'accumulent contre un innocent.

Mais s'il n'y avait point eu un faisceau de probabilités contre Calas, Lesurques et tant d'autres victimes de la justice humaine, les aurait-on condamnés?

De quel fatal présage sont les noms de ces malheureux, frappant mon esprit dans une occurence semblable!

Encore, s'ils eussent été seuls au monde? Mais tous avaient une femme, des enfants!

Ma mère! ma sœur! Alexie! chers anges du foyer, de quel poids mon malheur pèserait sur votre destinée!

IX

L'INTERROGATOIRE

Le juge d'instruction est un homme de cinquante ans, petit grêle et voûté. Mais si le corps trahit la faiblesse, l'esprit étincelle dans le regard; le front indique une grande intelligence, et les qualités de perspicacité et de finesse que trahissent les yeux et la bouche n'empêchent pas le magistrat d'être susceptible de ressentir la pitié, et d'inspirer la sympathie. Sa voix est singulièrement douce, ses manières restent toujours courtoises. En dépit du mandat qu'il doit remplir il n'oublie pas que l'homme amené devant lui n'est point encore un accusé et qu'une erreur est possible.

Le début de son entretien avec moi ressemblait à une conversation entre deux hommes du même monde.

Il se souvenait de m'avoir rencontré dans le salon de Mme de Vauxelles, dont, l'hiver dernier, je fus l'hôte assidu. A ce sujet, le magistrat glissa quelques mots obligeants sur mon intelligence et mes aptitudes.

— Travaillez-vous beaucoup? Vous étiez alors en chemin de réussir.

— J'ai en effet obtenu un avancement assez rapide dans les bureaux de M. Caillaud, banquier ; cependant, depuis trois mois des préoccupations et des affaires m'ont fait négliger mes travaux et m'ont forcé de m'absenter plusieurs fois à la faveur d'un congé.

— Ces préoccupations étaient relatives aux créances d'Abraham Maillefer?

— Oui, monsieur...?

Vous étiez encore vivement inquiet au sujet d'une jeune fille nommée Alexie Andrieux.

— En effet...

— Elle est sans fortune, vous désirez l'épouser; mais des dettes de jeunesse lentement acquittées grèvent aujourd'hui votre budget ; votre famille ne peut vous venir en aide, et vous différez un mariage appelé de tous vos vœux.

— Cela est vrai.

— Sur quoi fondiez-vous des espérancs d'avenir?

— Sur l'avancement rapide promis par M. Caillaud.

— Voici déjà plusieurs choses établies : — Il régnait du désordre dans vos affaires... Maillofer possède des lettres de change... vos travaux se ressentaient de l'inquiétude causée par votre situation précaire et par vos projets de mariage forcément ajournés.

— Je l'avoue monsieur.

— Vos chagrins étaient sur le point de finir au moment même de votre arrestation... vous portiez sur vous des diamants pour une somme considérable... et...

— Monsieur, dis-je en interrompant le juge d'instruction, monsieur, de grâce...

— Allons, a répondu le magistrat avec plus de douceur que jamais, ne tremblez pas, et racontez-moi la vérité...

— La vérité, et rien que la vérité, monsieur... J'ai pour parrain un capitaine au long cours, M. Barthélemy Franzon, brave marin, qui plus d'une fois m'est venu en aide à l'époque d'échéances difficiles... Il y a environ un mois, il m'écrivit pour m'appeler en toute hâte à Marseille... Le temps lui manquait, il ne pouvait faire le voyage de Paris... J'arrive, il m'embrasse, m'emmène dîner, puis au dessert, il m'interroge sur mes projets d'avenir... Je lui parle de mon mariage... J'avoue ma pénurie, mes dettes, mes sottises... Mon parrain souriait, se frottait les mains, et me pressait de tout raconter. Enfin, il me dit :

« — Mon ami, je suis resté célibataire par ce que je suis marin... Lorsque ma fortune s'est trouvée passable, je me sentais trop vieux pour être aimé d'une jeune fille... Mais j'appelle de tous mes vœux la vie de famille... Je dois quitter la mer; marie-toi, épouse mademoiselle Andrieux, et donne-moi une place à ta table comme à ton foyer... J'ai eu occasion aux Indes pendant mon dernier voyage, de sauver la vie à un rajah possesseur d'une de ces fortunes incalculables comme il en existe encore quelques-unes; il m'a forcé, lors de mon départ, d'accepter quelques diamants bruts, je te les donne ... emporte-les... Si l'on ne t'en offre pas assez cher à Paris, fais le voyage d'Amsterdam, mais ne les cède pas à moins d'une centaine de mille francs... ils les valent haut la main... quand tu en auras touché le prix, marie-toi, et prépare la chambre que ton vieux parrain occupera dans un an.

« — Pourquoi pas tout de suite ?

« — J'ai pris un engagement formel avec un armateur, c'est le dernier, mais je dois le remplir. »

Je n'avais rien à objecter; le caractère de mon parrain m'était connu. Je le remerciai avec effusion. Deux jours après, je revenais à Paris, portant sur moi les pierreries.

Le juge d'instruction me lança le regard que l'on adresserait à un feuilletoniste qui vient de réussir son premier article.

— Vous le voyez, monsieur, repris-je, cette histoire est bien simple,

— N'avez-vous jamais écrit de roman ?

— Jamais...

— Vous auriez réussi... Donc, vous reveniez de Marseille muni des pierres brutes généreusement données par M. Barthélemy Fronzon?

— Oui, monsieur... Au chemin de fer je prends une voiture; elle me ramène chez moi, rue du Rocher, 10... J'arrive, la concierge me remet une lettre... je reconnais l'écriture d'Eusèbe Mayor, mon meilleur ami... Je la décachette, je la parcours pendant que le commissionnaire monte mes bagages... Eusèbe m'envoyait un appel suprême... dévoré par la fièvre, privé de toute ressource, voyant la mort en face de lui, la mort sur un lit d'hospice, car il n'avait rien, plus rien... il s'adressait a moi... Depuis trois jours sa lettre était là... Eusèbe peut-être était mort, mort en doutant de mon dévouement... Il ajoutait au bas de sa lettre, en *post-*

scriptum : « — Si tu ne me trouvais plus dans ma mansarde, rends-moi le dernier service de prendre les papiers que tu y trouveras... Mes suprêmes volontés y seront exprimées ; tu rangeras en même temps les manuscrits épars sur les planches de mon réduit. » Je saute dans un cabriolet, je jette l'adresse d'Eusèbe... le portier était absent, je monte.. Arrivé au cinquième étage, je frappe à la porte... personne ne me répond... j'ouvre... la mansarde était vide... Eusèbe était-il mort, venait-on de le transporter à l'hospice? Pour obéir à son désir, je cherche hâtivement les papiers épars sur la table, sur les étagères ; j'achevais de recueillir ces fragments quand des cris sourds parviennent à mes oreilles... je crois me tromper ; j'écoute... J'avais raison, on gémissait, on appelait au secours... je cours sur le palier... les cris viennent de la mansarde voisine, j'ouvre... un spectacle affreux frappe mes regards... je ne distingue aucun détail... l'ensemble seul de la scène me saisit... un vieillard étendu sur le sol, baigné dans son sang... une fenêtre ouverte et sur l'appui de laquelle je vois distinctement disparaître une jambe d'homme... je cours à cette croisée, je tente de l'escalader pour saisir l'assassin ; à ce moment, un groupe de curieux envahit la mansarde... on surprend mes efforts désespérés pour arriver au toit par lequel j'ai vu s'enfuir le meurtrier... On crie, on se précipite sur moi... on m'arrête, on me maltraite, on me jette dans une voiture, on m'amène ici... tout cela sans m'entendre, sans me permettre de m'expliquer... Je reste prisonnier pendant un jour et une nuit sans communiquer avec personne, sans même avoir le droit d'informer mes amis de ce qui m'arrive et de prévenir ma famille... Du reste, monsieur, j'espère n'avoir plus à raconter cette aventure qu'à l'état de malentendu ; mes réponses à vos questions doivent vous avoir convaincu...

Le juge d'instruction me regarda pendant une seconde sans parler puis il me demanda sans transition :

— De quel instrument vous êtes-vous servi pour la perpétration du crime?

— De quel instrument? moi! Mais monsieur, vous ne m'avez pas entendu, vous ne me comprenez donc point?... Je suis innocent! entendez-vous innocent! Je ne connaissais pas le malheureux lapidaire et je venais...

— Pouvez-vous prouver d'où proviennent les diamants?

— Aisément monsieur. M. Barthélemy-Franzon témoignera qu'il m'en a généreusemnt fait don.

— Nous allons donc écrire a M. Franzon... quelle est son adresse à Marseille?

— A Marseille? mais mon parrain s'est embarqué pour Calcutta il y a trois jours.

— Voilà un incident regrettable pour vous, a répondu le magistrat en se levant.

— Eh bien; monsieur... qu'allez vous faire de moi?

— Nous attendons que M. Franzon donne de ses nouvelles... pendant ce temps nous instruirons l'affaire...

— De sorte que...

— Vous resterez enfermé jusqu'à informé suffisant...

— Prisonnier! ai-je murmuré d'une voix défaillante.

Le magistrat m'a tendu les feuilles de papier noircies par le greffier.

— Voulez-vous signer votre interrogatoire? m'a-t-il demandé.

J'ai refusé.

— Vous avez tort, m'a-t-il dit; il vaut mieux être franc avec la justice, que de tenter de se montrer habile.

— Je ne suis pas habile, puisque je n'ai pu vous convaincre de la vérité.

— Vous êtes libre désormais de conférer avec un avocat.

— Ai-je également la faculté de correspondre avec ma famille?

— Oui; je vous préviens seulement que vos lettres seront lues au greffe avant de parvenir à leur destination.

— Je ne m'appartiens plus ! ai-je dit avec désespoir.

— Vous appartenez à la loi, dont la justice est mandataire.

Sur ce mot, le magistrat m'a quitté.

Le greffier m'a jeté un regard rempli d'une commisération sincère. Il est jeune, et l'habitude ne l'a point cuirassé encore contre les émotions des malheureux !

Il n'y a plus moyen de me faire illusion, plus de possibilité d'attendre une liberté prochaine... Je suis maintenant un prévenu, et dans quinze jours je peux être un accusé...

Il faut trois semaines pour qu'une lettre arrive à Calcutta; trois autres semaines sont nécessaires pour obtenir une réponse de Franzon. Je connaîtrai par la voie des journaux, le nom de son armateur et celui du navire qu'il commande. Pourvu qu'il se rende directement aux Indes...

Je croyais, lorsque j'écrivis les premières pages de ce journal, être le héros d'une aventure tragi-comique, mais je ne saurais plus traiter légèrement ce qui m'arrive, il faut m'armer de courage et tenter d'en donner à tous ceux que j'aime !

X

CONFRONTATION

Et l'on ose dire que la torture est abolie?

Ne viens-je donc pas de subir la question!

Mon sang se glace quand je songe à la terrible scène qui vient de se passer.

Je me tâte pour me persuader que je ne dors pas, que je ne suis point sous l'empire d'un rêve affreux... ce que j'ai vu, je l'ai bien vu!

Je ne dormais pas... je venais de m'étendre sur mon lit, sans même me déshabiller; je cédais à un assoupissement douloureux, traversé par des cauchemars horribles des visions informes, d'autant plus épouvantables qu'elles se précisaient moins... Une main me secoue rudement... j'ouvre les yeux.

Un guichetier était devant moi.

Sa lanterne éclairait vaguement le cachot; je vis plusieurs têtes mal ébauchées dans l'encadrement de la porte.

— Levez-vous, me dit le guichetier.

Je m'assis sur mon lit machinalement.

— Allons, répéta-t-il, levez-vous et suivez ces messieurs...

Je reconnus le juge d'instruction et le commissaire de police; le troisième personnage m'était complètement étranger.

Derrière eux j'aperçus des gendarmes.

— Où va-t-on me conduire? demandai-je.

— Vous le saurez tout à l'heure, répondit le magistrat.

Un moment après, j'étais en voiture.

Je n'ai point d'abord reconnu la maison devant laquelle nous nous sommes arrêtés.

Malgré les précautions des agents, la foule se pressait dans la rue, et la rumeur qui en sortait disait :

— L'assassin! c'est l'assassin du pauvre Bruno

Nous avons monté un escalier; arrivé au dernier étage j'ai poussé un cri... On me conduisait dans la chambre du vieux lapidaire...

J'ai pu voir, j'ai voulu voir...

Bruno renversé sur le carreau avait le crâne brisé. Le sang coagulé aux tempes formait à terre une mare également figée... Les mains s'étendaient instinctivement pour parer le coup mortel... la face gardait une contraction douloureuse... les habits déchirés attestaient une lutte.

Bruno semblait âgé de soixante-dix-ans.

Dans un coin de la mansarde était son pauvre lit défait... Sur l'établi placé près de la fenêtre, de telle sorte que la lumière tombât sur les pierreries, les outils rangés attestaient que l'artisan travaillait au moment où l'on pénétra chez lui.

En calculant la hauteur de l'établi, la distance qui le sépare de la fenêtre en tabatière, on peut conclure que l'assassin se sera évadé par les toits.

Une sébile contenant des diamants bruts avait été renversée... quelques pierres de mince valeur gisaient à terre.

Bruno jouissait d'une réputation d'intégrité parfaite. Le joaillier qui lui confiait des pierres lui en laissait pour des sommes importantes. Il répandait le bruit qu'il taillait du stras, pour ne tenter la cupidité de personne, mais son secret a été trahi... un mot aura suffi pour donner l'éveil... afin de le voler, on l'a assassiné ce vieux Bruno...

Le juge d'instruction et le commissaire de police causaient tout bas.

Ce dernier a fait un signe au troisième personnage, qui m'a pris la main.

J'ai voulu la retirer, il me semblait qu'un reptile me touchait.

— Eh bien, m'a dit le magistrat, craignez-vous que l'on compte les pulsations de votre cœur?

J'ai froidement tendu le poignet au médecin.

— Connaissez-vous ce cadavre ?

— Non, monsieur.

— Niez-vous avoir pénétré dans cette chambre pour y dérober des pierres?

— Oui, monsieur.

— Pour quel motif êtes-vous entré ici ?

— Des cris douloureux m'y ont attiré.

— Qu'avez-vous vu ?

— Un homme sanglant, renversé à terre... cet homme... dont je sais le nom maintenant, était Bruno, le lapidaire... puis un individu dont la jambe était encore appuyée sur la fenêtre, et qui a subitement disparu.

— C'est un système, a dit le juge au commisaire ; nous n'en tirerons rien !

— Système ! me suis-je écrié ; mais à force de voir des misérables, vous avez donc oublié à connaître les honnêtes gens ! Ce qui m'arrive est odieux, épouvantable ! Vous m'accusez, vous me mettez en présence d'un cadavre, et quand je me révolte contre la pensée même du crime que vous m'imputez, vous me dites, à moi et devant moi : « ces dénégations sont un système ! cette innocence, système, et vous voulez me voir, me trouver coupable ! vous employez tous les moyens pour me faire pousser un cri, capable de me trahir, de me livrer sans raison, sans cause... Oh ! je comprends qu'on devienne fou en traversant des épreuves pareilles... L'hallucination pourrait me saisir dans ce lieu funèbre, la nuit en face de ce mort... Et si ma raison s'égarait, tandis que vous épiez mes impressions sur mon visage et que le médecin presse mon pouls afin d'étudier si sa marche s'accélère, vous triompheriez, vous qui dites être la justice, et qui faites maintenant le métier de tourmenteurs ! »

— Vous semblez bien peu calme pour un homme dont la conscience est pure, a objecté le commissaire.

— Quatre-vingts pulsations, a murmuré le docteur.

On m'a ramené ici brisé, anéanti, le corps fiévreux, l'âme dévastée.

J'ai vieilli de dix ans depuis deux jours.

XI

ABATTEMENT.

Un phénomène étrange se passe en moi.

Ce qui arrive me paraît maintenant irréparable.

Je n'attends ni preuves de mon innocence envoyées par mon parrain Barthélemy, ni hasard favorable faisant découvrir le meurtrier de Bruno... Je suis voué à la mort, et je mourrai de la pire des morts, celle des malfaiteurs. Pendant les premiers jours de mon incarcération, je me roidissais contre la douleur, je la défiais; aujourd'hui, elle m'a dompté, je la subis.

L'oiseau qui s'élève du sillon et monte joyeux vers le ciel ne songe pas que le chasseur lui brisera les ailes avec quelques grains de plomb.

La plante qui grandit sous la rosée et le soleil ignore que le pied insouciant d'un passant doit la fouler.

La mouche bourdonne sans voir l'araignée blottie au fond de sa toile.

L'homme, pas plus que les animaux et les plantes, ne sait comment il doit périr.

Ce n'est pas la mort qui m'effraye. Je l'ai vue en face, je l'ai bravée... Mais cette mort qui est un châtiment; cet arrêt qui devient un déshonneur !...

Et derrière moi, une sœur, une mère, et une enfant qui devait devenir ma compagne... Oh ! cela est horrible ! horrible !

XII

LES RÉMUNÉRATIONS DE L'AVENIR.

Où est donc la justice de Dieu? Celle des hommes, je l'abandonne pour ce qu'elle vaut. Elle s'est souvent trompée, elle se trompera encore... Mais celle de Dieu que fait-elle? où se cache-t-elle? Quelle main d'ange oublieux tient ses balances inutiles? qu'elle autre laisse tomber indifféremment le glaive sur les fronts coupables et sur les têtes innocentes?

J'ai parlé aux hommes, ils ne m'ont pas écouté; je veux crier mon plaidoyer à Dieu! je lui demanderai bien haut, face à face, comme faisait Job, s'il a le droit de me châtier quand je n'ai pas péché! s'il peut accommoder avec sa justice, sa bonté, sa miséricorde, cette distribution aveugle de malheurs retombant comme la grêle et la foudre sur des hommes honnêtes, et les bonheurs insolents départis à des misérables.

Oui, l'homme a le droit de vous interroger, Seigneur! Puisque vous lui permettez de vous parler dans la prière, il peut vous demander raison des épreuves imposées par vous. Mon âme ne connaît point la patience, vertu négative abandonnée aux faibles esprits. Dussent les tonnerres du Sinaï me foudroyer, je vous crierais, si je savais un lieu où vous l'aller dire.

« — Pourquoi me châtiez-vous? qu'ai-je fait? Si vous n'exigez plus le sang des génisses et des taureaux, aimez-vous l'oblation des cœurs broyés, des larmes amères, les cris de désespoir? Demeurez-vous le Dieu jaloux de la Bible? le Dieu des armées, le Dieu des vengeances? Doit-on, si l'on parle de vous, rendre à votre majesté les titres effrayants à l'aide desquels vous inspiriez aux Hébreux une salutaire terreur?

« Je l'admets, vous aimez les tortures de l'homme, son sang versé, ses pleurs d'angoisse, quand ils sont l'expiation d'une faute, le rachat d'un crime! Mais moi! Seigneur! moi qui venais pour sauver un ami, moi dont la moitié de la fortune aurait été sans regret sacrifiée à son bonheur... moi qui oublie, afin de le voir plus vite, les intérêts de mon cœur et les intérêts matériels, pourquoi me laissez-vous sous le coup d'une suspicion imméritée, tandis que l'assassin de Bruno jouit de l'impunité? »

XIII

PROFIL LUMINEUX SUR UN FOND SOMBRE.

L'aumônier de la prison est venu me voir.

C'est un jeune homme, doux, bon, intelligent, instruit. Il m'a tout de suite compris, et m'a serré les mains avec une effusion fraternelle... Quand j'ai répété devant lui ce que j'écrivais hier sur l'application de la justice distributive, il m'a arrêté d'un seul mot:

— La meilleure preuve qu'il existe une justice éternelle, c'est l'injustice apparente dont vous vous plaignez.

Je n'ai rien objecté.

Cela est vrai, après l'épreuve, quelle qu'en soit la nature, il y aura une compensation équivalente.

L'aumônier se nomme l'abbé Jérémie.

Sa physionomie est douce et ascétique; sa voix garde les inflexions de la pitié. Une irrésistible vocation le fit entrer dans le sacerdoce, une charité ardente le porta à choisir le poste qu'il occupe. En est-il un plus âpre au cœur, et qui révolte davantage en apparence? Cette âme d'ange, mise perpétuellement en contact avec des âmes de démons! Ces mains pures, qui chaque matin soutiennent le calice, tendues à des misérables! Cette pensée élevée qui converse avec Dieu, obligée de descendre des hauteurs de la méditation, des ravissements de l'extase, de la paix surnaturelle qui l'enveloppe pour s'identifier avec les crimes qu'on lui raconte, les iniquités qu'on lui peint!

Le médecin, en pansant un blessé, en soignant un malade, remplit un acte de courageuse humanité, mais son esprit est rempli d'une question scientifique, et dès qu'il a quitté son client, il l'oublie. Mais le prêtre! non-seulement il doit regarder la blessure, en sonder la profondeur, en comprendre la gravité, mais il lui faut encore y trouver des remèdes, et les appliquer. Il doit sauver l'âme remise entre ses mains! Par quel moyen, il importe peu. Cette âme, Dieu lui en demandera compte. S'il omettait la visite nécessaire, s'il oubliait le mot qui pardonne, s'il reculait éperdu devant un abîme moral, s'il chancelait sous le fardeau dont il consentit à charger ses épaules, que répondrait-il au christ, lorsqu'il verrait écrite cette question dans le regard terrible du juge suprême:

— Qu'as-tu fait de l'âme que je t'avais confiée?

Cette âme Dieu l'attend, il la veut, il l'exige, il l'a rachetée... Si elle échappe à l'effusion de sang du Calvaire, c'est une application de la passion perdue, c'est le miroir de Dieu même brisé, c'est une rédemption volée au ciel!

On comprend qu'un pareil mobile fasse réaliser des prodiges!

L'abbé Jérémie accomplit sa tâche avec une sérénité merveilleuse. Mais ce que j'admire le plus en lui, c'est sa faculté non point d'assimilation, car sa grande nature ne peut s'assimiler ni s'unir aux natures vulgaires, mais sa facilité à saisir les nuances du caractère, à prendre le diapason de chaque individu, à devenir petit avec les petits, comme le prophète Elisée quand il ressuscitait un enfant. Héroïsme dépassant à mes yeux celui de l'homme qui abandonne sa liberté, sa fortune. Jean de Matha et les Pères de la Merci, se vouant au rachat des captifs, épargnaient seulement aux malheureux les tortures physiques de l'esclavage; l'aumônier des prisons rachète les âmes, combat les vices, lutte contre de grossières natures; vingt fois repoussé, il revient encore et toujours à la charge. Il peut lasser la ténacité la plus grande, mais rien ne vaincra sa sainte patience.

Un découragement amer s'est emparé de moi à partir du moment où s'est formulée la certitude que l'on *instruisait mon affaire,* comme ils disent dans leur affreux langage du palais... Je ne me sens pas le courage d'écrire à ma mère. Que lui dire? Lui apprendre la vérité? Mais ces mots: « prison, cour d'assises, » vont la bouleverser. Ma pauvre chère sœur Elisabeth ne cessera de pleurer. Toutes deux voudront venir à Paris. Et qu'y feront-elles? que pourront-elles?

La justice suivra son cours.

En attendant l'arrivée du bâtiment de Barthélemy Franzon à Calcutta et le retour de la malle des Indes apportant la preuve que les diamants trouvés sur moi m'appartiennent, on prend des informations, on fait une enquête, on fouille dans ma vie. Les vieux prêtres du séminaire où j'ai passé une partie de ma jeunesse, les professeurs du lycée, mes amis, on interroge tout le monde.

L'abbé Jérémie, devinant les motifs de mon silence, a lui-même écrit à ma famille; j'aurai une lettre demain.

Il a rassuré ces cœurs aimants et craintifs. Je me serais répandu en plaintes amères contre la justice humaine, j'aurais maudit les magistrats qui, après tout, remplissent leur devoir, les guichetiers qui ferment les verrous, les sentinelles qui veillent l'arme au bras, j'aurais récriminé contre tout le monde! Lui parle en ami, en prêtre, en consolateur, De sa main, le coup leur paraîtra moins rude.

XIV

PAGES BÉNIES.

Cette lettre, lettre bénie, je l'ai couverte de baisers et de larmes! Elles m'ont écrit toutes deux, ma mère et ma sœur! Elles ne doutent pas de moi; jamais leur cœur n'a débordé de plus de tendresse;

jamais je ne me suis senti plus aimé, jamais je n'ai mieux compris par quelles fibres intimes et sacrées nous tenons à la famille. Ah! se sentir chéri de la sorte! avoir ce grand point d'appui d'une tendresse inaltérable dans la vie! pouvoir se dire que l'on est en quelque sorte la respiration de deux cœurs! quelle force et quelle joie! Que l'on me condamne ou que l'on m'absolve, la mère désolée et la chaste sœur ne sauront-elles point combien j'étais incapable de forfaire à l'honneur et d'oublier en un seul jour les traditions de la famille!

Ces pages touchantes, ces effusions affectueuses, ces baisers à travers l'espace, ces mains tendues vers moi, toute cette tendresse pure, complète, absolue, m'a rempli l'âme de joie et avouons-le aussi, de remords.

Depuis trois ans, j'ai bien négligé ma mère, bien oublié ma sœur. Je me souvenais d'elles, cependant ; je leur écrivais, mais il me semblait remplir un devoir, quand j'aurais dû éprouver un bonheur. Quelque chose d'impalpable, d'inconnu m'éloignait d'elles. Me trouvais-je indigne de leur affection? Les aimais-je moins? Non! sur un signe je serais accouru auprès de ma mère, un mot de ma sœur et je serais parti...

Je ne savais plus leur parler.

L'embarras me prenait, dès qu'il s'agissait de

raconter l'emploi de mes journées. Ce qui unit d'une façon si parfaite l'âme de l'enfant à l'âme de la mère, est un lien de simplicité, de confiance. Dans les gazouillements du petit enfant, dans ses causeries, quand il grandit et que son intelligence éveillée interroge celle de sa mère, il n'existe ni crainte ni hésitation. Il ose tout demander, tout dire. Ce qu'il raconte, il le fait en levant sur elle des yeux limpides, hardis à force d'innocence. Ah ! malheur sur le jour où pour la première fois il baisse les yeux devant elle, et n'ose affronter son regard !

Pauvres mères ! qu'elles doivent souffrir en remarquant un changement, si léger qu'il soit, dans la conduite de leurs fils ! Avec quelle angoisse leur cœur interroge à défaut de la voix ! Je me souviens maintenant d'avoir vu ma mère me suivre d'un long et triste regard... Et alors elle me disait.

— Vois-tu, mon Alype, les mères sont folles ! elles souhaitent de voir grandir leurs enfants, elles hâtent de tous leurs vœux le temps où il leur sera donné de s'appuyer sur leurs bras, de les avoir pour soutiens, pour confidents ; elles ne savent pas, elles ne peuvent pas prévoir que le jeune homme ne les chérit pas comme les aimait d'instinct le petit enfant qui se réfugiait contre leur poitrine. —

Quand il sera grand ! — pensent-elles en voyant le chérubin aux joues roses, aux cheveux bouclés, il sera savant, il deviendra célèbre. Hélas ! oui, peut-être ! Et d'autant plus alors, il leur échappera !

Leurs idées ne se confondront plus.

La mère, à son tour, devient l'ignorante, et le fils, qui va au-devant de l'avenir, l'oublie trop sur la route, et parfois ne se retourne même pas pour voir si elle le suit. Quand vous êtes tous petits, vos membres délicats et rosés appellent nos baisers, vous jouez sur nos genoux, vous grimpez jusqu'à nos lèvres pour y prendre les caresses que nous feignons de refuser et nous jouissons de la maternité dans toute sa plénitude. Votre amour, c'est nous ! votre joie, c'est nous ! La mère, rien que la mère ! Vous ne savez que ce mot, vous ne connaissez que cette tendresse. Elle vous apprend la prière ; elle guide vos pas chancelants ; feignant de fuir devant vous, elle vous encourage à la poursuivre. Son sein fut votre berceau ; et vous n'aviez pas de doux rêves si vous ne fermiez les yeux couvés par son regard... Alype ! les mères ne savent jamais ce qu'elles demandent ! et jamais non plus elles ne recueillent un sentiment égal à celui qu'elles ont donné. La tendresse monte et ne redescend pas !

Elle avait raison, ma sainte mère ! nous sommes des ingrats, tous nous oublions ce que furent pour nous ces anges gardiens, ces providences visibles. Les petits du pélican s'abreuvent du sang de leur père sur la plage déserte où toute proie leur a manqué; et à l'heure où l'oiseau martyr souffre les angoisses poignantes de l'agonie, à l'heure où déchiré, meurtri, il aurait besoin d'entendre au moins un cri d'amour poussé par les petits qui dévorèrent ses entrailles, s'il abaisse ses yeux voilés vers la couvée dont il vient d'assouvir la faim égoïste, il la voit endormie... Et seul, agitant une dernière fois ses ailes défaillantes, il fixe vers le ciel un regard éperdu puis tremble, tressaille, expire...

Je vais répondre à ma mère, à Élisabeth ! Ah ! cette fois, je suis sûr d'arriver à leur âme, car je souffre et je comprends enfin le prix de leur amour méconnu.

XV

ALEXIE.

Grâce à elles, j'ai quitté mon ignoble cachot; j'habite maintenant une petite chambre qui relativement est un palais. Je dis grâce à elles, car toutes les économies du modeste ménage ont été envoyées au fils prodigue. Je voulais refuser; l'abbé Jérémie me l'a défendu.

— Ce ne serait pas du stoïcisme, m'a-t-il dit, mais de l'orgueil.

Il a raison.

J'accepte leurs dons; plus tard je leur prouverai que je ne suis pas un ingrat.

Plus tard !

Quelle signification possède ce mot, pour moi ?

Puis-je voir loin, à l'horizon de ma vie ?

Au-delà de trois mois, est-ce que je distingue quelque chose dans cette nuit?

Je ne leur léguerai peut-être qu'une tombe, sur laquelle on ne fera pas graver un nom flétri !

Comme on apprend la valeur de certains mots ?

Autrefois, quand j'étais libre, que je disposais de moi-même, cette expression, loin de m'attrister, renfermait je ne sais quoi de doux répondant à notre besoin d'espérance. Si je songeais à réaliser un beau voyage rendu impossible dans le présent, je me disais : — Plus tard ! — et mon imagination éveillée se traçait par avance le tableau de toutes les merveilles qu'il me serait donné de contempler.

Parfois, passant devant une toile signée d'un nom aimé, si la tentation grandissait trop vite en proportion de ma fortune, j'ajournais la jouissance de voir rayonner une figure céleste dans mon cabinet, et j'ajoutais mentalement songeant à mes revanches artistiques :

— Plus tard !

Un soir, fouillant dans mes casiers, bouleversant des cahiers de feuilles éparses, je retrouvai les plus jeunes, les plus fraîches, les meilleures inspirations de cette belle muse appelée la jeunesse, que rien ne remplace, et que l'on juge plus adorable et plus belle à mesure qu'elle s'enfuit; et, relisant ces essais, ces fragments, ces pages, je m'écriai avec une fierté audacieuse : — Plus tard !

J'entrais à l'église, un matin... Je n'y allais pas de moi-même... un ange passait devant moi, je suivais sa trace...

La jeune fille à demie voilée marchait lentement; son livre d'heures, appuyé sur la poitrine, fermait chastement les plis de sa mante de soie noire... ses yeux rayonnaient à l'avance de la joie sainte d'entrer dans le temple; elle s'avança jusqu'à l'autel de la Vierge, s'agenouilla, demeura immobile comme le séraphin en adoration placé sur l'autel; et la voyant si belle, si chaste, si sainte, je murmurai avec un sourire : — Plus tard !

Je venais de lui fiancer mon âme.

Que de rêves j'ai fait depuis ! Tous se rapportaient à elle. Je ne vivais plus par mon égoïste pensée; centre mystérieux et brûlant, elle attirait mon cœur et ma rêverie, elle fixait mon espérance et transformait mon âme. Son apparition me révéla un monde nouveau. Elle m'entraîna dans sa sphère. Près de cette lumière pure, reflétant les feux du soleil sans tâche, j'étais une poussière, un atome. Mon infériorité même me plaisait. Si je pensais davantage, je pensais moins juste; si j'aimais autant, j'aimais moins bien; si je valais quelque chose, le mobile qui me faisait agir amoindrissait de beaucoup la valeur de mes œuvres.

Le premier jour où je la vis chez elle, sa vieille tante valétudinaire et aveugle, mademoiselle Bernarde était assise dans un grand fauteuil; le chat noir ronronnait sur ses genoux; des oiseaux familiers venaient jouer entre les pattes de l'angora qui fermait à demi les yeux, puis caressait les oiseaux avec des félineries gràcieuses.

Alexie reprit sa broderie. Calme, sérieuse, elle écouta ma conversation avec sa tante, mêlant parfois à l'entretien un mot juste, faisant une observation sensée, parlant aisément sans pédanterie comme sans bavardage. J'appris que son père, honorable fonctionnaire, était mort en laissant pour toute fortune, à sa veuve, une pension qui s'éteignit avec elle. Demeurée orpheline, Alexie fut recueillie par mademoiselle Bernarde; en réalité, Alexie protégeait la malade. Mais elles échangeaient toutes deux tant d'affection et de tendresse, qu'on ne pouvait dire laquelle aimait davantage.

— Je suis bien vieille, me dit mademoiselle Bernarde, quand je pris congé d'elle; je ne quitte plus ce fauteuil, où Dieu m'a privé de la vue, mais j'entends... et le son de la voix me révèle bien des choses... Il me reste encore une épreuve à faire : tendez la main.

Je la lui donnai.

—. Bien, reprit-elle, vous la présentez ouverte, signe de franchise... Vous êtes loyal... Sans doute, il faut apporter des modifications à votre caractère, mais nous y arriverons... Venez nous voir de temps en temps... Je crois lire au fond de votre pensée, eh bien, ne désespérez pas : — Plus tard !

Et ce mot resta dans mon cœur comme une musique divine.

Maintenant, *plus tard* signifie :—Le Mercure ! — Je sais par une lettre de l'armateur de Franzon, que le navire se nomme le Mercure; — *plus tard* Alype, c'est là nouvelle que le bâtiment a péri corps et biens; la session des assises s'ouvre, le procès s'entame, ta causé est jugée, ta cause est perdue... tu ne demanderas pas à la justice trois semaines de vie inutile... dès lors *plus tard,* pour toi, voudra dire : — dans trois jours; après, — *plus tard,* — c'est l'éternité !

Combien de mots auraient besoin d'être pesés ainsi, pour révéler toute leur portée !

XVI

L'ENFANT

Ce matin, un enfant est descendu dans la cour. Il paraît avoir onze ans. Pauvre petit ! je l'ai appelé au pied du mur, j'ai jeté à travers les grilles un gâteau et des fruits. Il m'a remercié d'un signe de tête. Que va-t-on en faire ? Quel délit le jette dans ce milieu ? Comment en sortira-t-il ? S'il n'est que malheureux ne peut-il se pervertir et devenir plus tard un franc vaurien ?

J'ai deux geôliers, l'un rude, sec, mauvais, portant une grande barbe rousse, tirant les verroux avec un vacarme diabolique, silencieux, brutal, vrai geôlier d'opéra comique, vrai cerbère de ce misérable endroit. J'ai vainement tenté de lui adresser la parole; jamais il n'a daigné me répondre. S'il pouvait comprendre à quel point un captif sent le besoin de sociabilité, la soif qu'il éprouve de communiquer une pensée, d'entendre une voix humaine, il se départirait, j'en suis sûr, de sa rudesse. Mais il ne s'en doute même pas. On dirait que les prisonniers lui appartiennent, et que, se vengeant sur eux d'un malheur, son unique joie est de les opprimer. Mes tentatives sont donc restées vaines; quand j'ai réitéré mes essais d'entretien, il a grommelé le mot de : tentative de corruption, et a tiré à lui ma porte si fort, qu'elle se serait brisée, si une porte de prison pouvait se briser... On le nomme Matteau.

L'autre, Nicou, obéit à la consigne et tâche de l'accommoder le plus possible avec la bonté naturelle de son cœur. Il a été soldat. Rentré dans son pays après de laborieuses campagnes, il obtint, grâce à la protection d'un général qui lui devait la vie, cette place de geôlier, où il lui est possible de rendre de mystérieux services.

Il ne contrevient cependant jamais aux ordres reçus; son exactitude militaire, son respect pour la consigne ne l'abandonnent point. La loi, qui prévoit toutes les fautes, compte souvent sans la vertu. Elle l'oublie; n'ayant rien à lui donner en récompense. Mais si le vice travaille égoïstement, la vertu se répand, se prodigue, s'offre, se donne avec une abondance royale. Sous toutes les formes, à toutes les heures, elle apparaît pour charmer, consoler, aider.

Nicou fait une étude constante du règlement ; tout ce qui n'y est pas défendu, en faveur des prisonniers, lui semble tacitement permis. S'il refuse quelque chose, il se trouve malheureux. Et alors, le brave homme tente de vous dédommager par un sourire de ses franches lèvres, par un encouragement de sa grosse voix. L'autre jour il entra dans ma chambre, tenant d'une main mon déjeûner, et soutenant de l'autre sur son bras un petit enfant à demi nu, qui tirait ses longues moustaches, en riant aux éclats. J'ai pris l'enfant, je l'ai embrassé sur les deux joues. Le bambino courait, jouait, dans la chambre. Le vieux soldat le regardait avec une joie attendrie.

— Laissez-le moi ! ai-je dit vivement.

— Ah ! m'a-t-il répondu, le règlement ne s'y opposant par aucun de ses articles, je vous l'accorde... Il est gentil le petit ! doux et frisé comme un saint Jean ! mon vrai portrait quand j'avais son âge ! Il a tonné des bombes depuis ! J'ai regretté le régiment, la guerre, la retraite et la diane, jusqu'à ce que les marmots m'aient réconcilié avec le civil ; maintenant, vrai, j'aurais peur de la mort, tant ils m'ont attaché à la vie.

— Vous en avez ?

— Quatre ; la Marianne, une fille de seize ans, honnête comme des galons bien portés ; Pierre qui attrape ses onze ans et manie le rabot et la varlope; Louison, et celui-ci, Nicolas; tous quatre bien portants et qui font honneur à Françoise leur mère. Pour lors, je vous laisse Nicolas, je le prendrai après ma tournée.

Le bambin n'a pas fait de difficulté pour accepter la moitié de mon déjeûner.

— Monsieur, m'a-t-il demandé, pourquoi donc que tu es ici, puisque tu n'es pas un coquin?

— Tu le sais donc que je ne suis pas un coquin?

— Oh! mais oui, donc! papa et Marianne l'ont dit hier... Si tu veux, je viendrai tous les jours... tu me diras des histoires, et puis tu me montreras à lire.

Quand Nicou est revenu, je lui ai fait part du désir de Nicolas.

— Ça serait abuser de votre bonté, monsieur; le petit a comme cela l'idée de savoir lire, mais le temps nous manque, et de sorte...

— Je lui donnerai demain sa première leçon.

Quand ce matin Nicou et Nicolas, l'un portant l'autre sont entrés dans ma chambre, j'ai désigné au geôlier l'enfant que je voyais dans la cour.

— Ça, monsieur, m'a-t-il dit, ça a déjà du vice: on va le renfermer dans une maison de correction jusqu'à sa majorité.

— Qu'a-t-il donc fait.

— Le petit vagabond a vendu une ruche d'abeilles appartenant à un paysan.

XVII

LES RUCHES DE GRAND-MARC.

Je suis né en province, dans une maison de campagne si voisine de la ferme des chênaies, que la cour seule nous séparait, nous propriétaires, des braves gens à qui la métairie était louée, et qui en payaient le loyer plutôt en nature qu'en argent. Lorsque les Jaserons venaient le soir apitoyer ma mère aux approches de Pâques ou de la Saint-Michel, elle trouvait toujours moyen de les renvoyer satisfaits et tirés de peine. C'était de beau lin pris à la fermière, du cidre acheté au fermier ; du grain dont elle faisait provision. Sans doute les épargnes n'augmentaient pas, mais ma mère était adorée dans le pays, et les Jaserons se seraient mis au feu pour elle. J'héritais d'une partie de leur dévouement. On me laissait grimper dans les pommiers, effaroucher les poules, courir après les moutons, tresser des chapeaux de paille avec le berger, battre sur l'aire à contre mesure, et embarrasser un sillon que je n'arrivais jamais à scier dans une longue journée de récolte. J'étais de droit de toutes les fêtes; on me cachait dans la gerbaude; je foulais le raisin acide du pays, je jetais ma boule dans les jeux de quilles; on m'abandonnait l'escarpolette; on me prenait des nids de pics, et l'on dressait pour moi des geais parlant aussi bien que des avocats.

Aussi, j'aimais les Jaserons de tout cœur.

Par contre, séparé de nous par deux prés et un coin de futaie, demeurait un paysan madré, usurier, disaient les gens instruits, sorcier, pensaient les ignorants, mauvais chien, ajoutait tout le monde: tout le monde avait raison.

Grand-Marc avait du bien à la ville, on croyait sa cave creusée et préparée de façon à recevoir lessacsd'écus qu'il faisaitsueraux pauvres diables.

Son troupeau d'oies lui donnait la plus fine plume du pays; les prairies dans lesquelles il ne manquait jamais de semer des herbes odoriférentes, nourrissaient des abeilles dont le miel jouissait de la meilleure renommée. Desmarchands, faisant leur tournée tous les six mois, achetaient la plume, la cire et le miel.

Les Jaserons savaient le prix de l'argent de Grand-Marc, je l'appris; comme je ne permettais à personne d'attrister mes chers voisins, l'usurier me devint antipathique. J'aurais payé gros le plaisir de lui jouer un mauvais tour.

Il ne fallait pas que je rencontrasse son troupeau d'oies sur ma route, car de la voix et de gestes, je mettais les sottes bêtes en déroute, et je les poursuivais une gaule à la main, sans réfléchir que Chauve-souris, la petite dépenaillée chargée de les garder, était battue quand elle rentrait tard des champs et que le Grand-Marc eût été capable de l'assommer si une seule ouaille avait manqué au troupeau; en revanche, mon lévrier Tibère reçut plus d'une fois des coups de fouet. Il existait entre nous des rapports de mauvais voisinage. Nous nous haïssons. Si Grand-Marc était le plus fort, j'étais plus ingambe; et la guerre avait des alternatives défavorables à tous deux.

Je n'avais nulle peur de son chien; je riais de ses sorcelleries, et je l'appelais loup-garou en riant à gorge déployée, mais j'avoue que j'éprouvais une terreur étrange de ses essaims. L'abeille est charmante, intelligente, fine, industrieuse; mais elle s'insinue, elle menace, elle pique. Son vol fatigue, sa trompe aiguë effraye. Or les abeilles de Grand-Marc quittaient souvent les prés pour s'abattre dans nos jardins. Les chasser était inutile, les tuer, dangereux; que dire à Grand-Marc? D'habitude on supporte les abeilles les uns des autres, quant à moi je n'attendais qu'une agression pour tirer une vengeance éclatante.

Je cueillais à la treille une grappe de raisin, quand une abeille, qui y pompait du suc, me piqua cruellement.

— C'est bien! pensai-je, je suis maintenant dans mon droit. Je racontai à Jaserons ce qui m'était arrivé, en lui demandant ce que je pourrais bien faire afin de me venger de Grand-Marc et de ses abeilles.

Le petit paysan hocha la tête.

— On peut effarer ses oies, me répondit-il, houspiller son chien, affoler ses vaches et faire sauver ses moutons, c'est des risettes... mais les abeilles, il n'en faut pas rire. Le garde champêtre n'est pas seul à les garder, et les gendarmes se mêlent des rùches. J'ai vu arriver un grand malheur à un homme du pays pour en avoir dérobé une.

— Mais si j'affole ses vaches, Maigret les ramènera ; Chauve-souris rend le compte des ouailles ; le chien a des crocs pour mordre... d'ailleurs, c'est une abeille qui m'a piqué, et je me vengerai des abeilles.

— Prenez garde tout de même, monsieur Alype.

— Bah! dis-je, Grand-Marc n'oserait rien tenter contre moi.

— Personnellement, sans doute, mais du moment que la loi est pour lui.

— L'as-tu vue, la loi?

— Une fois, monsieur Alypo, sur la table du maire, un jour qu'il célébrait un mariage, c'est un gros livre à tranches tricolores.

— C'est bon, je ferai usage de ton renseignement.

Quoi que pût m'objecter Jaserons, je m'entêtai dans mon idée.

Je couchais dans un cabinet voisin de la chambre de ma mère.

La maison n'avait qu'un étage ; le long des murs d'énormes espaliers formaient, par leurs treillis et les branches tortueuses des pêchers, un escalier d'escalade assez facile.

Différer ma vengeance me paraissait impossible et lâche. Je me couchai de bonne heure, avec un calme apparent. Des allumettes étaient sur la cheminée ; j'avais roulé un grand lambeau de tapis sous mon lit, et le cœur palpitant, anxieux, j'attendis que les petits bruits provenant de la chambre de ma mère se fussent lentement apaisés. Lorsque je la crus endormie, je glissai les allumettes dans ma poche, je lançai le tapis par la fenêtre ouverte avec des précautions infinies, et je commençai ma descente le long des espaliers. Elle s'accomplit sans encombre, et me voilà par une belle nuit claire, sans peur des loups-garous, m'acheminant vers le clos de Grand-Marc afin d'y consommer mon crime.

Je suis près des ruches.

Les abeilles dorment.

Je jette le tapis sur les ruches; je l'assujétis avec de grosses pierres, j'amasse des broussailles, je dresse de la sorte un grand paillis couvrant le toit aigu du palais de cire et de miel, et j'y mets le feu.

Un frémissement de terreur me parcourut tout le corps en ce moment, je l'avoue; quelque chose comme un regret me traversa l'âme. La flamme s'élevait comme un feu de Saint-Jean; le bûcher des avettes jetait des clartés dans tout le clos; un moment il me sembla voir devant moi se dresser la haute taille de Grand-Marc vêtu de sa peau de bique; le chien aboya, et je crus qu'il bondissait sur mes traces; je m'enfuis avec une rapidité vertigineuse, je remontai l'escalier de branches de pêcher, et je me blottis dans mon lit, en cachant la tête sous les couvertures.

J'étais depuis dix minutes environ rentré dans ma chambre, quand des cris aigus arrivèrent à mon oreille. Je crus reconnaître la voix de Chauve-souris, la gardeuse d'oies de Grand-Marc.

L'enfant avait aperçu la flamme du paillis, elle appelait au secours: la haie de Grand-Marc brûlait, et aussi une javelle. Le feu gagnait le chaume de la maison, et pouvait tout réduire en cendres. Les Jaserons se levèrent, et malgré leur haine contre l'usurier du village, ils manœuvrèrent si bien que la haie de prunelliers eut seule à souffrir, et aussi Chauve-souris, qui reçut quelques paires de soufflets pour avoir crié trop tard, disait Grand-Marc. Ne devait-il donc pas s'estimer trop heureux qu'elle l'eût averti? Ce vieux misérable restait incorrigible.

Le lendemain au matin, je flanais dans le chemin ; le plus petit des Jaserons se glissa de dessous un buisson et me dit :

— Monsieur Alype, voilà un morceau de tapis que le feu avait oublié de brûler.

Et Jaseron s'enfuit à toutes jambes.

Le maire de la commune était un excellent homme, ami de notre famille depuis de longues années; les paroles du fermier me revenaient à la mémoire; mon crime perpétré, ma vengeance accomplie, je commençai à avoir grande peur de ce livre à tranches multicolores qui s'appelait la LOI. Une faute en entraine inévitablement une seconde. J'étais sur la pente. Je sentis le besoin de me défendre contre la dénonciation de Grand-Marc qui, s'il n'osait m'accuser en face, ne manquerait pas, du moins, de le faire dans son cœur.

J'obtins de ma mère la permission de porter chez

notre administrateur communal des graines de balsamines dont il avait admiré la veille les belles fleurs doubles. Le vieillard était assis dans son cabinet et occupé à écrire. Il sourit en me voyant de ce bon sourire de vieillard qui est comme une bénédiction tombant sur le front de l'enfance.

— C'est bien ! me dit-il tout ému, c'est bien mon petit Alype, de songer ainsi à ceux qui ne marchent guère. Dieu te le rendra plus tard... Vois-tu, mon mignon, j'ai une passion, passion innocente qui m'a peut-être défendu des autres ; j'aime les fleurs... En ce monde, il faut aimer quelque chose comme il faut faire quelque chose, sous peine d'être inutile, car les inutiles deviennent toujours des êtres nuisibles.

Il continuait à écrire en me parlant ainsi.

Pendant ce temps, je fouillais du regard tous les coins du cabinet.

— Le voilà!

Jaseron a raison! ce livre fait peur... Quelle tranche rouge couleur de sang... et ce livre s'appelle la loi!

A côté se trouvait une grande bible de Royaumont, ornée de gravures sur bois dont je faisais mes délices. Le vieux maire pensa que je n'osais lui demander à l'ouvrir.

— Allons, prends ce livre, dit-il, prends ce livre puisqu'il te fait envie.

D'une main tremblante j'attire le code à moi. Je feuillette, je cherche, mes yeux dévorent les titres des chapitres, inspectent les paragraphes, les articles... Il faut que je trouve celui qui me concerne... moi, criminel ! criminel de onze ans !

De temps en temps je tournais la tête vers le vieillard ; il m'avait oublié.

Mais je me trompe, ce n'est pas possible, la peur met dans mes regards des étincelles... les galères ! les galères ! pour avoir volé des rûches ! le bonnet vert, la chaîne, la manille, les gardes-chiourme, le boulet !

J'étouffai un gémissement, mon cœur battait à me briser la poitrine. Je saisis le feuillet du code de la main droite, et, tandis que de la gauche je remuais assez bruyamment un encrier de bronze pour empêcher que l'on n'entendît la déchirure du papier, j'arrachai cette page, cette épouvantable page qui me déclarait à la fois voleur et incendiaire.

— Ne casse rien, mon enfant, me dit le vieillard d'une voix douce.

— Non, monsieur, répondis-je d'un accent troublé.

— Ah ! je ne te gronde pas, continua-t-il avec bonté, ces petits garçons tapageurs font plus tard les meilleurs sujets.

Je me remis un peu. Soulevant à deux mains le code, je le replaçai sur l'étagère, et j'ouvris alors la bible de Royaumont.

Le hasard me fit tomber sur ce verset du Deutéronome :

« *Tu ne prendras ni le bœuf ni l'âne de ton voisin,* »

En ce moment, Grand-Marc fit son apparition dans le cabinet. Jamais le paysan ne m'avait semblé aussi livide, aussi effrayant. Il avait les lèvres blêmes et ses mains tourmentaient la tête de son bâton.

Son regard oblique me découvrit tout de suite dans mon coin. Il commença par s'excuser de déranger M. le maire de si bonne heure, entassa les unes sur les autres toutes les formules de politesse, et finit par raconter l'aventure de la nuit.

— Voilà qui est malheureux pour vous, répondit le maire en rangeant ses papiers; mais il ne s'agit pas ici d'une simple affaire de justice de paix ni même de police correctionnelle.

— C'est ce qu'il me semble, répondit Grand-Marc en passant sa langue sur ses lèvres comme un loup qui aperçoit un agneau.

— Le coupable encourt même une peine grave.

— Sans vous commander, monsieur le maire, de combien?

— Je vais vous le dire.

Le vieillard me dit alors doucement :

— Alype, apporte-moi le gros livre à tranches tricolores.

Je le pris sans hésitation, il me semblait qu'ayant dans ma poche la page contenant la peine infligée au coupable, j'en restais parfaitement à l'abri.

Le maire feuilleta, chercha, s'impatienta, ne trouva rien.

Grand-Marc attendait encore la solution promise quand je quittais le cabinet.

Jaseron me guettait à la porte de la cour.

— C'est pour vous dire, monsieur, que les plates-bandes du pêcher sont refaites; ce grand garou de Grand-Marc peut crier tant qu'il voudra pour ses avettes, ce n'est pas nous qui vendrons le fils de notre bonne maîtresse.

En effet, Grand-Marc en fut pour ses soupçons; comme il se trouva dans l'impossibilité de rien préciser, il ne nomma personne.

Ce souvenir de mes premières années me revient à la mémoire à propos de ce petit voleur d'abeilles qui joue dans la cour, et que le tribunal condamnera à demeurer dans une maison de détention jusqu'à sa majorité comme ayant agi sans discernement.

Mais, si les Jaserons n'avaient point éprouvé pour ma mère un culte si vrai, le lambeau de tapis aurait été trouvé, reconnu; la trace de mes pas eût été suivie de l'espalier au clos de Grand-Marc ; et l'on m'eût enfermé: ainsi cette enfance joyeuse, cette belle jeunesse j'ai mérité de les perdre. Je pouvais passer neuf années dans une maison sombre, enfermé avec des enfants précocement mauvais. Je n'aurais jamais revu ma mère! Ma sœur aurait grandi loin de moi!

La gravité de ce fait m'apparaît au moment où je vois avec quelle sévérité la loi frappe cet enfant. Tout à l'heure, je l'accusais, j'éprouvais du mépris pour lui, je ne regardais pas dans ma consciencee

Elle est donc éternellement vraie, cette parabole de la paille et de la poutre racontée dans l'Évangile.

Je saurai le nom de cet enfant, je m'occuperai de lui. Avec quel bonheur je le sauverai, je le défendrai, je le rendrai à la liberté!

Hélas! que puis-je?

Réussirai-je à me sauver moi-même?

Me voilà sous l'impression la plus pénible. Je me souviens de m'être écrié pendant les premières heures de mon incarcération:

— Je défie que l'on rencontre un plus honnête homme que moi!

Eh bien, j'avais tort.

L'incendie des ruches de Grand-Marc constitue-t-elle donc un délit grave? Ne puis-je m'estimer après l'avoir commis? Si je racontais cette équipée, beaucoup de gens la traiteraient de simple espièglerie.

Les murs escaladés, les pommes du voisin dérobées, les pigeons tués au vol, les grappes vendangées dans les vignes, le poisson pêché sans droit de pêche, le lièvre pris sans permis de chasse, la fraude aux douanes, pour le plaisir de rire d'un douanier confiant qui a été assez naïf, assez crédule pour vous croire un honnête homme et vous épargner l'ennui d'ouvrir les serrures de toutes vos malles et de déboucler tous vos sacs de nuit, toutes ces injustices me paraissaient des plaisanteries.

Je conviens difficilement de cette vérité: — Tu n'est pas pur de tout reproche; ton âme n'a point l'immaculée blancheur de la neige des Alpes.

Si tu lèves haut le front devant les hommes, le hasard, les circonstances, ta famille t'ont servi, voilà tout.

N'est-il pas dur de se parler avec cette franchise?

Mais aussi, ne suis-je point par trop puritain et ne regardé-je point le passé avec des verres grossissants: j'avais onze ans; il s'agissait de quatre rûches, d'une valeur de vingt-quatre francs!

L'enfant qui attend son procès, l'enfant qui joue dans la cour n'en a volé que deux...

XVIII.

VOYAGES AUX RIVES PROCHAINES.

J'ai la passion des voyages.

Par une sympathie divinatoire, ce qui m'intéressait davantage dans chaque ville, après les églises et les musées, c'étaient les prisons.

J'ai visité la tour dans laquelle Ugolin vit sous ses yeux ses enfants s'éteindre dévorés par une faim épouvantable.

Mon nom est inscrit sur la colonne du prisonnier de Chillon. Je suis resté pendant deux heures assis à la place même creusée par ses pieds, durant sept années de captivité. Les hautes murailles sur lesquelles l'eau du lac jetait des reflets prismatiques paraissaient toutes reproduire le nom de Bonnivard, et sur la fenêtre vint se poser et chanter un oiseau: celui que lord Byron avait entendu peut-être.

Je connais le palais des papes d'Avignon, devenu un lieu de détention et de larmes; les ruines de Pierre-Sise à Lyon, le souterrain étroit dans lequel on scella une cage de fer pour le cardinal la Balue, les débris de l'immortelle prison de Rouen, sanctifiée par le séjour de la vierge et martyre

Jeanne d'Arc. Rêveur, j'ai erré près des murs de Fénestrelle, cherchant du regard la *Picciola* du romancier.

Ce que j'aurais souhaité voir, dans le passé, c'était la fosse aux lions de Daniel, les cavernes de Sabinus, la tour du roi Richard, le palais qui vit François Ier captif, la galère sanctifiée par Vincent de Paul, toutes ces demeures effrayantes au regard, saintes pour la pensée, qui ont vu passer et mourir des grands hommes, entendu des lamentations suprêmes et qui semblent, toutes sombres et horribles qu'elles soient, des degrés menant à la gloire.

Que n'ai-je l'âme de Silvio, ce doux Italien, l'imagination d'Andryane, le cœur de Maroncelli, pour écrire des mémoires capables de devenir des codes de résignation, d'espérance, des testaments pleins de foi plaidant ma cause devant Dieu et devant la postérité, si je viens à la perdre devant les hommes!

Ne suis-je pas plus heureux que Latude, Pellico et Trenk? Je puis écrire librement. Je communique avec mes amis. Si j'enveloppe les pensées que je leur envoie d'un voile mystérieux, afin que le meilleur de mon âme ne se trouve point défloré par des regards curieux, ils savent bien la dépouiller, la reconnaître. Ils l'épousent, lui répondent, la réchauffent encore s'il est possible. Sans doute, ce séjour est horrible! Mais si on le compare aux casemates des bords de la Néva, même, hélas! aux demeures troglodytes de pauvres êtres que j'ai vus en Provence à des huttes trouvées en Bretagne, à des trous dans les roches habités par des hommes moins heureux que les goëlands, aux greniers glacés dans lesquels s'entassent de misérables familles à Paris, on doit trouver que rien ne me manque du nécessaire.

Horrible idée que celle-ci, pourtant: il existe des gens honnêtes, probes, laborieux, chargés d'un grand nombre d'enfants, manquant de pain pour les rassasier, de haillons pour les vêtir, de feu pour cuire des aliments grossiers, et la lie de la société, l'égout même des vices, les voleurs trouvent dans une prison de la paille fraiche, une nourriture abondante, du linge et du feu.

Je ne parle pas des prisonniers qui ont de l'argent; ceux-là obtiennent tous les adoucissements désirables.

On m'a procuré des livres. Si la bibliothèque n'est pas nombreuse, elle est du moins formée avec soin. Quelques volumes m'ont remis en mémoire des choses oubliées; d'autres m'en ont appris de nouvelles. L'abbé Jérémie me les choisit lui-même. Quelquefois je trouve une page pliée, un paragraphe souligné: il continue ainsi l'entretien commencé. Peut-être la solitude rend-elle la lecture plus profitable. Une pensée m'arrête; un mot me porte à réfléchir. Je médite, je discute, j'approfondis, je me révolte ou je cède; parfois je prends le parti plus sensé de m'en remettre à l'opinion de l'abbé Jérémie.

XIX

PÈLERINAGE.

Le ciel d'un bleu pur se reflétait dans la mer; les mouettes aux ailes violacées se balançaient au-dessus des vagues; les collines pierreuses s'estompaient dans le lointain; la grande forêt de mâts se balançait nonchalante, et la brise agitait les plis des pavillons.

Barthélemy Franzon venait d'arpenter le port rapidement. Il paraissait préoccupé d'une pensée; une confidence s'arrêtait sur ses lèvres; il n'osait parler, il en mourait d'envie.

— Vois-tu, Alype, dit-il en me prenant le bras, vous autres, Parisiens, vous ne croyez pas à grand'-chose. La foule vous démoralise, les livres vous gâtent. La solitude vous manque essentiellement.

Vous demander de l'aimer, serait impossible; de la chercher, une chose insensée. Que résulte-t-il pourtant de cette agglomération de jeunes hommes de ce que vous appelez le frottement de l'intelligence, l'éclair jaillissant, la pierre donnant l'étincelle? L'esprit éprouve le besoin des contacts, dites-vous, et vous vous gâteriez la main et vous rouilleriez vos facultés si vous viviez seuls avec vous-mêmes... Je sais bien que pour se plaire avec soi-même il faut aimer à réfléchir, et vous préférez l'action à la réflexion.

— Mais mon cher parrain..., dis-je avec vivacité.

— Ne réponds pas, tu pourrais trouver une sottise... Je n'ai point sans doute les moyens que tu possèdes; mon bon sens est âpre et rugueux comme certains fruits... Mais il garde une saveur que sans doute tu as perdue. J'ai agi beaucoup, et beaucoup pensé. Les nuits de quart sont si longues! D'ailleurs, sur nos navires de commerce, nous nous trouvons réellement seuls. Sauf le second destiné à devenir capitaine, les hommes qui nous entourent sont grossiers, ignorants. Nous devons donc puiser des ressources dans notre propre fonds, et vivre de nous-même comme en nous-même... Eh bien, Alype, deux noms seuls dominent notre souvenir et le remplissent: celui de Dieu et celui de notre mère... L'immensité est là! l'immensité dans le ciel, l'immensité dans la mer; au-dessus de la tête, au-dessous des pieds; entre la mort et nous quelques planches; pour guides les étoiles et de faibles instruments inventés par des hommes; contre nous l'élément même qui nous porte, le vent, les bourrasques; nous devons tout craindre, même le calme... c'est ce qui explique le fond de mélancolie religieuse du caractère des marins. Dieu, dans les mains de qui nous sommes, ne saurait être oublié, pas plus que la mère dont les lèvres prononcèrent à notre oreille son nom pour la première fois... Aussi, qu'un orage survienne, que la coquille de noix se balance d'une façon alarmante sur les vagues, et...

— Parrain Franzon, demandai-je, vous avez couru un grand danger pendant votre dernière traversée?

— Oui, mon ami, un très-grand.

— Et vous avez promis un pèlerinage...

— Qui t'a dit?

— Et vous pensez, à part vous: Alype a oublié à Paris ce que sa mère et sa sœur adorent... Si nous montions à Notre-Dame-de-la-Garde?

— Tu es un bon enfant, Alype!

— Dame! mon parrain, il faut bien vous devoir quelque chose.

Nous commençâmes à gravir la côte.

Les rues que nous traversions, montueuses, étroites, boueuses et sombres, gardaient l'aspect de quelques-unes des ruelles de l'antique Genà. On démolit beaucoup à Marseille, et nous passions devant d'énormes masses de vieilles masures démasquées subitement, honteuses de montrer au grand jour leurs lézardes, les rayures bizarres et noires de leurs tuyaux de cheminée, leurs fenêtres en guillotine, leurs toits effondrés.

Des femmes au teint brun, aux rudes cheveux noirs, aux yeux ardents et un peu sauvages, passaient près de nous jasant en cette langue méridionale qui emprunte son accentuation à la Provence ou à l'Italie. Les enfants couraient sur la route. Tout riait, vivait, chantait autour de nous. Seulement les rues devenaient si étroites que deux voitures n'y passaient pas, et si boueuses qu'on devait employer des précautions infinies pour se garantir de toutes sortes d'éclaboussures.

Mais les hauts faubourgs sont franchis, nous voici sur la colline, et le golfe bleu en bat le pied avec un doux murmure.

Tout devient calme, repos et splendeur.

On s'apaise insensiblement, et l'on se sent pénétré d'un sentiment de piété étrange en franchissant le seuil d'un sanctuaire consacré par des prodiges, honoré des pas des rois.

L'origine de Notre-Dame-de-la-Garde remonte, comme but de pèlerinage, au XIIIe siècle ; longtemps avant cette époque, elle servait de point d'observation, d'où l'on donnait à la ville avis des vaisseaux en rade. Guillaume, abbé de Saint-Victor, fit bâtir à un ermite nommé Pierre, une petite église et une maison, lui donnant en outre plein pouvoir de disposer des terres environnantes moyennant une légère redevance.

La chapelle du solitaire fut dédiée à la Vierge.

Lorsque François Ier fit élever sur cette colline un fort d'observation, en 1525, elle s'y trouva enfermée.

> Gouvernement commode et beau,
> A qui suffit pour toute garde,
> Un suisse avec sa hallebarde
> Peint sur la porte du château,

a écrit Chapelle en revenant de visiter ce fort et l'église.

Celle qui existe est nouvellement bâtie; on en achève les derniers travaux. Les ex-voto de l'ancienne chapelle garnissent les murs. La plupart représentent des navires à demi-submergés; un nom, une date rappellent quel jour il plut à la reine du ciel de protéger un malheureux équipage. Ici, une aquarelle reproduit une maison à demi enveloppée du feu de la mousqueterie; un épisode de la révolution de 1848. Cette peinture plus saisissante nous montre une femme couchée, la poitrine labourée par une large blessure. Un médecin lui tâte le pouls, et sa contenance paraît dire: — Il n'y a plus d'espérance. — Là, je trouve au bas de deux petites toiles: *Triomphe sur la calomnie,* et je m'arrête; comme exécution, ces deux tableaux sont détestables; mais évidemment ils racontent un drame intime, poignant, étrange: le premier représente un grand salon décoré de cinq lustres; une femme assise sur une chaise, dans l'attitude de l'abattement le plus complet, paraît livrée à un désespoir extrême. Evidemment la calomnie pèse sur sa tête, elle se demande ce qu'elle fera pour y remédier. Elle cherche un moyen, elle demande un indice, une preuve, afin de confondre ses ennemis... Cette preuve existe, cette pièce nécessaire est quelque part... Où la trouver? Et la malheureuse demeure accablée, la tête pâle, le cœur gonflé... — Le second tableau représente encore le même salon. Cette fois, la femme est debout. Elle regarde avec un étonnement profond un ouvrier monté sur une échelle, et employé à dévisser une partie du lustre du milieu... Un papier est tombé à terre... Un petit enfant l'étale sur le tapis avec sa main, et paraît tenté de le lire... Ce papier miraculeusement trouvé, c'est la preuve attendue! Nul doute, cette femme est sauvée...

Je saurai quelque jour toute la vérité relative à l'ex-voto de Mme T.M. et je raconterai cette histoire. Seulement, je n'ai pu m'empêcher de faire une remarque. Cette femme, qui vient de remporter un triomphe sur une atroce calomnie, est riche, puisqu'elle habite un appartement semblable, tendu de soie, garni de lustres ; comment se fait-il qu'elle n'ait point commandé son ex-voto à un artiste de talent et qu'un pinceau de barbouilleur d'enseigne lui ait suffi?

Il doit y avoir là encore quelque mystère!

Des navires, des barques, des bricks, des felouques, des trois-mâts! puis des mères veillant à côté de petits berceaux, des valétudinaires étendus sur des chaises longues, des voitures emportées par le galop de chevaux furieux, des hommes précipités de hauteurs effroyables, toutes les douleurs, toutes les tortures, toutes les misères sont racontées le long de ces parois dans d'humbles cadres rayonnants de la foi qui les fit suspendre.

La statue domine un piédestal invisible sous la multitude de décorations, de diamants, de bijoux qui le parent. Et la Vierge sourit dans sa robe d'argent, et porte avec la modestie de l'humble fille des hommes le diadème dont une main auguste la couronna.

Barthélemy Franzon franchit le seuil rapidement, alla s'agenouiller sur les dalles de pierre, proches de la balustrade, pria, puis redescendant l'humble chapelle, il vida tout l'or contenu dans ses poches par l'étroite ouverture d'un tronc.

Entrant ensuite dans un petit bâtiment voisin, il commanda que dix cierges fussent brûlés en son nom devant Notre-Dame-de-la-Garde.

Je l'attendais sur la terrasse dominant la mer.

La ville de Marseille semblait, de cette hauteur, un amas de murailles grises couvertes de toits rouges; quelques grands monuments se distinguaient seuls.

Je déteste ce que l'on appelle les vues à vol d'oiseau.

Ce genre de dessin est mort, sec, confus, sans vie, sans poésie, sans grâce. Il montre l'entassement sans le détail. L'air manque, les édifices se menacent, les maisons s'écrasent. C'est de la pierre, de la pierre encore, et rien de plus.

Mais de l'autre côté! ce golfe de saphir borné par des collines blanches, vives arêtes du sol, ce soleil resplendissant, ce ciel pur, ces voiles au loin fuyant en pleine mer, la poésie du ciel, de la Méditerranée et de la brise, et là, tout près la grande poésie de cette Etoile des étoiles, constellation sans ombre: *Stella matutina!* rayonnant dans les âmes autant qu'elle resplendit dans le ciel!

Je l'avoue, je fus ému.

Mon parrain me parut alors meilleur que moi. Sa foi robuste de marin, sa naïve confiance me remuèrent le cœur. Je le trouvai heureux et grand de garder ce trésor déposé au fond de son âme par une mère chrétienne.

Il restait comme moi appuyé sur la balustrade de pierre.

Tout à coup son regard brilla, et mes yeux suivant la direction des siens, je vis six vigoureux matelots pieds nus, le front ruisselant de sueur, portant sur leurs épaules le modèle d'un navire exécuté avec une patience d'artiste et de chrétien. Ils répétaient en marchant des *Ave Maria* dont la prononciation n'était pas très-pure, la langue qu'ils parlaient ne semblait guère latine, mais la Vierge entendait et comprenait.

Franzon se découvrit et je l'imitai.

Les matelots accomplirent leur vœu, entendirent la messe, et redescendirent la côte en même temps que nous. Une franche gaîté se lisait sur leurs mâles visages.

XX

FAUX EN ÉCRITURE PUBLIQUE

Je connais maintenant tous les habitants des cellules semblables aux miennes.

Mon voisin de droite a commis un faux en écriture publique. Il était notaire. Des avances de fonds imprudentes, des affaires à la bourse le compromirent d'abord; il eut besoin d'argent, il imita la signature de son client le plus riche. On dit qu'il a de la famille.

J'avoue que les faussaires m'inspirent une vive répulsion. Je ne connais rien de plus lâche que de s'asseoir à une table et de copier patiemment, en s'y reprenant à plusieurs fois, avec mille peines et mille angoisses, le nom d'un homme à qui vous enlevez ainsi tout ou partie de sa fortune.

Forcer une porte, crocheter une serrure, pratiquer une pesée sur un meuble, voler avec effraction, étendre des mains avides, tremblantes, contractées, vers un or que vous savez ne point vous appartenir, mais qui vous tente, vous appelle, vous attire... vous jeter dessus au mépris de toutes les lois, l'enfouir dans vos poches, et l'œil sanglant, hagard, frémissant, écouter si une porte ne s'ouvre pas, si nul regard ne vous épie, si une main robuste ne va point s'abattre sur votre épaule, si vous ne rendrez pas gorge sur le lieu même du délit, je comprends cela, jusqu'à un certain point. Ce voleur court un risque; on peut le saisir, il faudra qu'il lutte; ce danger ôte quelque chose à l'odieux de son crime... Mais le faux... la chambre solitaire... la plume patiente se traînant jusqu'à ce qu'elle arrive à une imitation hardie, à une reproduction exacte... cela soulève le cœur de dégoût. L'empoisonnement et le faux, quelles misérables choses! ce sont des crimes si lâches, si tortueux, si rampants. Je n'en excuse aucun, mais enfin, il en est que je flétris davantage. Et puis, notre fortune est dans les mains des officiers publics. Si nous ne pouvons avoir confiance en eux, que deviendrons-nous? que ferons-nous? Je me souviens que mon aïeule a été en partie ruinée de cette manière.

J'avais une fort belle écriture au collége. Il paraît même que mon aptitude pour le dessin, et la facilité générale que je possède de faire un peu ce que je veux, a rendu plus d'une fois service à des camarades. Innocente tromperie! Je leur faisais des thèmes ou je brouillonnais leurs pensums, de telle sorte qu'il devenait impossible de distinguer ce que j'avais fait de ce qu'ils venaient d'écrire.

Mettez donc un pareil talent au service d'instincts mauvais!

Plus d'une fois j'ai rendu service, et je m'en suis toujours applaudi.

Toujours?

Non!

J'ai eu des regrets, une fois.

J'avoue qu'alors ma complaisance occasionna

une injustice dont les suites devinrent déplorables. Je quittais le lycée d'une façon honorable. Ma mère, ma sœur me fêtaient à l'envi. Cependant, mon prix de version grecque ne m'aveuglait pas, et je ne comptais point absolument sur mes succès en *vers latins* pour me créer une position dans le monde.

Le déclassement général augmentant le nombre des candidats à toutes les places, même les plus chétives, l'on a dû rendre leur occupation d'un abord difficile. On exige maintenant des diplômes pour un emploi de douze cents francs d'appointements; les concours exigés sont sérieux, et malgré ce que l'on demande en échange de maigres émoluments, le nombre des candidats est toujours trois fois plus grand qu'il ne faudrait.

Avant d'oublier ce que j'étais censé avoir appris au lycée, je résolus de passer mes examens. Reçu bachelier ès-lettres, puis bachelier ès-sciences, je pus me reposer ensuite tout doucement pendant six mois, durant lesquels je me demandai quelle carrière serait honorée de mon choix.

Deux de mes amis quittèrent le lycée en même temps que moi. L'un, Francis Maillard, fils d'une pauvre veuve, finissait de dépenser les dernières ressources d'une mère héroïque. Il avait employé son temps comme font ceux qui savent le prix des saintes veillées d'une femme qui se condamne à un pénible labeur de couture afin de payer les dépenses de son enfant.

Comme il lui rendra plus tard son dévouement et ses sacrifices!

Francis adorait sa mère.

Ses études achevées, il comptait entrer à l'hôtel de ville, et lentement, doucement, y faire son chemin, sans ambition, se trouvant heureux si sa mère ne désirait pas au delà.

Mon autre condisciple, Augustin Morel, était le fils d'un chef de bureau riche, décoré, considéré. Mais Augustin ne parvenait jamais à se souvenir de ce qu'il venait d'apprendre; et la vérité est qu'il n'apprenait rien.

Son père avait jadis pu rendre service au mien, et nous étions fort liés au lycée. Sa famille exigeait qu'il se présentât pour subir ses examens afin d'entrer tout de suite dans une administration. Augustin essaya d'atermoyer, il prétexta la fatigue, demanda du répit; son père lui répondit:

— Tu te reposeras sur ton diplôme; mon exemple devrait te faire rougir.

Augustin entra un jour chez moi de l'air le plus désolé du monde.

— Je ne me fais aucune illusion, me dit-il, je suis un incapable, un fruit sec, ou tout au moins un paresseux. Je ne trouverai jamais d'examinateurs assez naïfs pour consentir à me recevoir bachelier.

— Travaille, lui dis-je!

— Je ne peux pas, je ne sais pas... la mémoire me manque. Je n'en ai ni pour retenir les noms de toutes les villes et de toutes les montagnes du globe, ni pour classer des chronologies difficiles. D'ailleurs, suis-je appelé à avoir une chaire d'enseignement quelconque, à écrire quoi que ce soit, à être mis en évidence, même pour faire l'article d'un commis voyageur ou le fallacieux boniment du saltimbanque? Point! on m'installera dans un fauteuil de cuir, devant un bureau, et je passerai huit heures par jour à essuyer des plumes à mes bouts de manche de lustrine... Est-il absolument indispensable, pour cela, de lire Horace, de traduire Homère et de posséder des notions de géographie, quand je n'aurai à connaître que le chemin le plus court pour me rendre de chez moi à mon bureau?

— Mais, sans doute, il est nécessaire de savoir toutes ces choses puisqu'on les exige.

— Stupidité!

— Soit, mais obligation.

— Des bacheliers, des docteurs ès-lettres pour remplir des besognes d'âne bâté ou plutôt n'en pas remplir du tout!

— Le règlement n'a pas été fait pour toi.

— J'en souffre.

— Dans un de tes vices.

— Mon meilleur.

— Prie ton père de changer ta vocation.

— Mais je n'ai aucune vocation! je ne me pose pas en candidat; je ne demande rien... Le soleil et les boulevards, voilà! *panem et circenses!* L'auteur de mes jours peut être sûr que cela suffira à mon bonheur.

— Et que feras-tu pour le sien?

— Je l'adorerai, d'abord.

— Ensuite?

— Ensuite je me laisserai vivre à la façon des lézards.

— Mais les lézards attrapent des mouches.

— Tandis que moi...?

— Tu les goberas! lui dis-je en riant.

— J'attendais mieux de toi, Alype.

— Que puis-je faire?

— Prête-moi ton intelligence, ta science, ta mémoire...

— Une infusion...

— Une infusion, une transmission absolue...

— La volonté y est, le moyen manque.

— Je te l'apporte.

— Alors tu es sauvé!

— Nous partons...

— Pour fuir le danger?

5.

— Au contraire, nous courons au-devant.

— Je ne comprends pas.

— Je déclare à mon père que les examens du baccalauréat m'effraient trop à Paris ; je demande à les passer en province ; nous sommes du même âge ; d'une taille semblable ; la manière de rédiger les signalements est si naïvement uniforme que l'on pourra s'y tromper... Tu te présentes à ma place, tu passes brillamment mon examen ; tu reçois mon diplôme et tu me sauves la vie !

— Mais, dis-je, c'est une tromperie.

— A qui fait-elle tort ? Tu me tires du plus grand des embarras, mon père est content, je deviens employé ; tu t'attaches un Pylade, un Oreste, un Pythias...

Augustin employa tant de moyens, mit tant d'insistance, fit vibrer des cordes si diverses, se moqua si spirituellement des règlements, me montra sous un jour si clair, ce qu'il appelait une farce aux boules blanches, que je promis d'entrer dans la conspiration et de jouer le rôle qu'il m'y attribuait.

Nous partîmes.

Notre ruse obtint un succès complet.

Mes examens furent brillants. Augustin pleurait de joie en m'embrassant.

Une seule chose me tourmenta : il me fallut signer, signer d'un nom qui n'était pas le mien ; me rendre coupable d'un mensonge officiel, d'une substitution de personne; mentir aux professeurs, à la loi, à moi-même, devenir un faussaire, enfin!

Il est vrai que cela ne me rapportait rien.

Mais cet acte, qui pouvait nous paraître non-seulement innocent, mais encore méritoire au point de vue de l'amitié ne nuisait-il à personne?

Je le croyais alors.

Cependant, il advint ceci. Deux candidats se présentèrent pour un emploi vacant: Augustin Morel et Francis Maillard.

On ne pouvait nommer que l'un des deux jeunes gens. La préférence fut pour le fils du chef de bureau, et le pauvre laborieux garçon qui avait tant pioché et étudié afin d'obtenir une situation qui fît vivre sa mère, se trouva un matin sans ressource et sur le pavé.

Si je n'avais point commis cette fraude de passer mon examen à la place de Morel, son incapacité l'empêchant d'être reçu, la place aurait été pour Maillard qui la méritait si bien!

J'avais commis une injustice; elle frappait lourdement un honnête homme. Augustin volait le pain de Francis et celui de sa mère. Tout cela arrivait par moi, moi seul!

Le remords que j'éprouvais de cette action m'empêcha de continuer mes relations avec Maillard.

Un matin, un infirmier de l'hospice Cochin me remit une lettre; mon malheureux condisciple Francis me suppliait de l'aller voir... Je courus à son lit. Il me remercia avec effusion, me recommanda sa mère, sa pauvre et sainte mère, et mourut.

Que pouvait devenir la veuve privée de son unique soutien?

Ma complaisance pour Augustin l'avait ruinée, en même temps qu'elle lui brisait le cœur.

Le notaire qui passera aux prochaines assises, sera, m'a-t-on dit, condamné aux travaux forcés à perpétuité. L'homme dont il imita la signature est riche, et cet acte d'improbité lui enlève à peine son superflu.

Mais la veuve! la vieille femme sans pain! la mère sans enfant!

Plus tard, Augustin avoua la vérité à son père, et M. Morel m'embrassa les larmes aux yeux, en vantant mon bon cœur, mon entente de la camaraderie et mon dévouement. Je me suis fait des amis de tous les membres de cette famille.

Si je regarde le résultat de ces deux signatures apposées, la mienne a eu des suites bien autrement graves que celles du notaire.

Oh! les *petites causes!*

L'épouvantable voie que l'on remonte avec ce mot.

Les travaux forcés! Il n'y a pas à dire, je les ai mérités. J'ai menti à la loi, j'en ai imposé à tout le monde, mon condisciple s'est éteint sur un lit d'hospice, et j'ignore ce qu'est devenue sa mère.

Je la retrouverai; je veux la retrouver, et alors j'emploierai toute ma volonté, toutes mes ressources pour adoucir sa situation.

.Cette faute me pèse maintenant comme une chape de plomb.

XXI

J'AI PÉCHÉ !

Nicou entrait ce matin dans ma chambre, le petit Nicolas invariablement placé en équilibre sur son épaule, quand une tourterelle, effrayée, haletante, y a pénétré en même temps. Elle traçait de grands vols, heurtait les vitres du bec et semblait se demander dans quel lieu inconnu le hasard venait de la conduire.

Je l'ai doucement appelée; elle a tourné vers moi ses yeux d'or, s'est mise à lisser ses plumes de son bec noir, et sans descendre de la croisée, elle a paru inspecter la cellule, et étudier celui qui l'habite.

— C'est l'oiseau de la Marianne, m'a dit Nicou avec un sourire.

— Elle s'est échappée, cette jolie tourterelle.

— Je ne crois pas, elle est privée; mais la Marianne a des idées; quand elle a connu que vous apprenez vite et bien à lire à Nicolas, elle a pensé qu'elle devait faire pour vous une chose capable de vous agréer; elle a envoyé alors son oiseau vous chanter son remerciment.

— Vous direz à Marianne que la visite de sa tourterelle me fait grand plaisir.

— Ah ! vois-tu, monsieur, a répliqué Nicolas, il faut la garder; ma sœur a dit: Ceux qui aiment les enfants aiment les oiseaux, je donnerai ma tourterelle au prisonnier. Et puis, moi, monsieur, je t'ai apporté une belle fleur que j'ai cachée dans ma poche.

La pauvre rose était grandement chiffonnée, mais Nicolas avait si bonne intention!

La tourterelle me restera donc.

Doux oiseaux au gazouillement triste, dédaigné parfois, on te préfère les modulations des petits virtuoses des bois, savants il est vrai, habiles au trille et à la cadence, mais auxquels manque la note éternelle du cœur de l'homme, la basse étouffée et continue des larmes.

De tous les oiseaux, je n'aime que celui-là. Pur blanc, doux, caressant et tendre, timide et facile à attacher, il répond mieux qu'aucun autre à mes affinités secrètes. L'un de mes amis, grand faiseur, et spirituel faiseur de portraits, — suivant la mode du XVIII° siècle — me fit un jour passer l'examen suivant, suffisant, me dit-il, pou définir mon caractère et mes aptitudes d'une façon absolue.

— Quel oiseau préférez-vous? me demanda-t-il.

— La tourterelle.

— Quelle fleur?

— L'héliotrope.

— Quel tableau?

— La Joconde.

— Quelle statue?

— La Polymnie.

— Quel livre?

— La Bible.

— Si vous aimiez, comment aimeriez-vous?

— A genoux! répondis-je.

Et, cet examen terminé, il sourit mystérieusement de son caustique et fin sourire et improvisa le plus ressemblant des portraits. Il est certain qu'un homme qui aimerait les éperviers, les daturas, le Laocoon, la Mort du satyre Marsyas et *l'Ane d'or* n'aurait guère de rapports de caractère avec moi.

Les colombes ont été de tout temps l'objet d'un culte, le sujet de légendes.

La grande Sémiramis fut nourrie par des colombes. — C'est une colombe qui rapporta dans la maison flottante de l'arche le rameau d'olivier fleuri sur le sommet de l'Ararat.

Les Grecs attelaient des colombes au char de Vénus.

La loi de Moïse les indiquait comme le prix modeste du rachat des premiers-nés des pauvres familles; Jésus, qui fut plus tard vendu trente deniers, avait été racheté au temple, moyennant deux colombes.

Salomon ne trouva pas de plus douce louange à donner à la Sulamite que de la comparer à une colombe pour la douceur de ses yeux.

Quant à moi, j'ai tenté de m'attacher des rossignols, de seriner des fauvettes, d'acclimater des cardinaux couleur de pourpre, de garder ces perruches d'émeraudes pointillées d'azur qui ne sont pas si grosses qu'un passereau; j'ai voulu garder perché dans mon cabinet le sombre oiseau de Minerve, et toutes mes tentatives ont échoué; la tourterelle seule a paru me comprendre.

Chateaubriand raconte dans ses mémoires, qu'après avoir lu l'épisode de la mort d'Atala à l'un de ses amis dont en ce moment il se faisait un juge, cet ami lui dit avec franchise que le discours du père Aubry était manqué. Le grand prosateur s'en étonne puis il s'en afflige; resté seul, il le relit; son ami a raison: la gamme de ce discours est mauvaise. Il faut le refaire. Mais comment? Il reste appuyé sur sa table, rêveur, préoccupé... Tout à coup, la tourterelle enfermée dans sa cage s'éveille, commence sa plainte fidèle, son roulement paisible... Chateaubriand l'écoute... saisit la plume, et ne s'arrête qu'après avoir écrit le discours du père Aubry tel que nous l'avons maintenant.

Le vieux curé qui me fit faire ma première communion en avait de semblables... Il est mort... Il m'aimait bien, et avec qu'elle indulgence il écoutait mes aveux d'enfant!... Le jeune ecclésiastique que je vois chaque matin, porte le même costume et reste muni des mêmes pouvoirs. Pourquoi ne lui dis-je pas comme au vieillard: — Bénissez-moi mon père, parce que j'ai péché.

Formule étrange, nous semble-t-il tout d'abord.

Le coupable implore une bénédiction, non pas parce qu'il a rempli ses devoirs envers Dieu et envers ses frères, mais parce qu'il les a transgressés.

Logique sublime, pourtant!

Je me souviens qu'un soir, ma mère m'attira tout petit enfant sur ses genoux, et me couvrant de baisers, elle me dit:

— C'est l'anniversaire de ta naissance Alype; tu as sept ans accomplis... L'Eglise te compte maintenant parmi ceux qui discernent le bien du mal; tu es doux et bon, mais pourtant tu commets des fautes; tu les vois à peine... pour les bien comprendre il faut un miroir: le miroir de la loi de Dieu! Nous allons la lire ensemble; tu penseras, tu te souviendras, et demain tu avoueras tout ce qui fut mal dans ton cœur d'enfant.

Et c'est ainsi que j'appris cette phrase murmurée bien bas au bon curé de mon village...

J'entends marcher dans le corridor.

C'est le pas de l'abbé Jérémie.

Sa visite me fera aujourd'hui plus de bien que jamais.

La pensée suit des enchaînements bizarres; un enfant, une rose, un oiseau m'ont amené à me souvenir des pratiques les plus graves et les plus discutées de la religion.

— Soyez le bien reçu, l'abbé, j'ai besoin de vous!

XXII

LES SCELLÉS BRISÉS.

Il est bien vrai que l'infortune seule nous permet d'apprécier le degré d'affection de nos amis. Je traitais Gustave Louviers en camarade, et maintenant, je le reconnais, c'est un frère, un véritable frère, pour le dévouement.

Toutes les heures que ne lui prennent pas ses clients, il me les donne. Et avec quel élan, qu'elle spontanéité! Il paraît si heureux de se sacrifier à mon malheur.

Du moment qu'il m'a été permis de lui écrire, de l'appeler à mon secours, et de requérir l'appui de sa science, d'invoquer nos relations, il est accouru. L'avocat s'est effacé devant le camarade. Il a pris mes peines et les a faites siennes. Quand je veux ramener la conversation sur mon emprisonnement, sur mon procès, il ne le permet pas.

— L'affaire suit son cours... Il faut attendre la lettre du capitaine Franzon!

Et comme ces mots ne me semblent guère rassurants, Gustave met tout en œuvre afin de me distraire.

Souvenirs de lecture, aventures romanesques, traditions de village, impressions personnelles, nous épuisons tout. Rapprochés de l'âtre, tisonnant le feu qui pétille, oublieux de l'heure, et ressuscitant aux images du passé, nous feuilletons notre vie l'un pour l'autre.

Des pages restent blanches; un grand nombre sont tachées de larmes; nous en plions de noires et nous les marquons de signets.

Nous venions d'épuiser hier la série de nos histoires de classe, braconnages, terreurs des gardes champêtres, captures hors la loi, carniers criminels, fusils frauduleux, chiens émules de Cartouche, plomb homicide, tous cas prévus par la loi, lorsque l'entretien tomba sur la peur.

— Connais-tu cette impression-là? me demanda Gustave.

— Oui; et toi?

— Je ne l'ai jamais éprouvée; et, comme ta nature est vaillante, il me paraît curieux d'apprendre de quelle façon un homme courageux est accessible à la peur.

— Allume un cigare, ce sera long.

— Faut-il éteindre la bougie pour doubler l'effet?

— C'est inutile; le récit t'impressionnera de lui-même.

— Je frissonne à l'avance, dit Gustave en se plaçant le plus commodément qu'il put sur un siége assez dur pour lui faire, sans nul doute, regretter les chaises de son fumoir.

— Et moi, je commence... Tu as connu, de nom du moins, Cyprien Daniel, un beau jeune homme pâle, mélancolique... Il se fit subitement soldat sans qu'il fût possible de deviner quelle raison le portait à ce coup de tête. Je m'étais trouvé en relation avec lui; nos caractères sympathisaient; nous gardions des habitudes studieuses au milieu même de certaines folies. Cyprien avait deux ans de plus que moi; je lui reconnaissais une supériorité d'esprit incontestable, et je faisais le plus grand cas de son cœur. Depuis deux ans il changeait sa manière de vivre. Quand il venait me voir, l'entretien descendait toujours vers des pentes lugubres. Il me paraissait absorbé par un sentiment tyrannique, absolu, pénible, douloureux comme une maladie, désespéré comme une blessure mortelle.

Je hasardai un jour une question. Il me prit la main, la serra et se contenta de me dire :

— C'est le secret d'un autre.

Je n'eus garde d'insister.

Ce fut environ un mois après que Cyprien entra chez moi, en proie à l'agitation la plus vive, et m'apprit son départ pour l'Afrique. Il était superflu de m'apprendre la cause de ce changement dans la situation ; évidemment il se rapportait au mystère planant sur ma vie depuis deux années.

— Alype, dit-il en me quittant, tu m'as trouvé peu communicatif sans doute ; ne crois point que ce soit par défiance. Le jour où j'aurai besoin de secours, c'est vers toi que je crierai.

Je le remerciai en pleurant, et nous nous quittâmes.

Une année se passa.

Je reçus alors un billet ainsi conçu :

« Lis la lettre incluse ; rends-toi à l'adresse indiquée ; coûte que coûte, ouvre le secrétaire en bois de rose placé à gauche de la fenêtre d'une chambre à coucher tendue de brocatelle mauve ; prends dans le tiroir de droite une clef d'argent curieusement façonnée et ouvre le compartiment du milieu. Tu y trouveras un paquet de lettres attachées par un ruban noir ; ces lettres, tu les prendras, tu les emporteras ; et, rendu chez toi, tu les brûleras pieusement. Pour rassurer ta conscience qui s'alarmerait peut-être, je te jure sur l'honneur que ces lettres ont été écrites par ton meilleur ami

« CYPRIEN DANIEL. »

La lettre jointe à cette page contenait ces lignes :

« Monsieur Cyprien,

« La pauvre chère créature a rendu son âme à Dieu, hier au soir, dans la rue de Vaugirard, n° 15. J'étais seule avec elle, seule... Le prêtre est venu ; il l'a confessée et administrée... Vous comprenez quelles larmes a versées sa fidèle nourrice !... Une heure avant de passer, elle me fit signe de m'approcher de son lit, me désigna le secrétaire, et murmura le mot *papiers;* la respiration lui manquait... Un peu plus tard elle prononça votre nom d'une façon assez distincte... Je l'interrogeai, elle ne répondit pas... Son regard s'attachait sur le meuble ; je me levai comme pour y aller... elle fit signe que c'était bien... puis, subitement, elle poussa un grand soupir... Je cours à elle, je la prends dans mes bras... elle était morte. J'appelle, on arrive... l'église, la loi pénètrent dans cette chambre... Je reste à pleurer près de son cadavre... je le quitte pour vous envoyer ces lignes... Que voulait-elle dire ? Que faut-il faire ?

« En attendant vos ordres, monsieur Cyprien, je suis à jamais et pour l'amour d'elle, votre servante.

« MADELON. »

L'adjuration de mon ami était formelle.

Evidemment il s'agissait du secret de toute sa vie, du mobile qui l'obligea à quitter Paris.

Hésiter, le pouvais-je ?

Je pris le chemin de la rue Vaugirard.

Arrivé au numéro indiqué, j'inspectai la maison du regard.

Les fenêtres de l'appartement du premier étage se trouvaient closes. Une vague lumière passait au travers des persiennes.

— C'est là, me dis-je.

Je sonnai.

La porte s'ouvrit.

— Où allez-vous? me demanda le concierge d'un air rogue.

— A l'appartement de la dame qui est morte.

— Ah! pour cause des scellés, sans doute?

— Justement.

— Montez, la Madelon y est encore; elle attend le gardien.

Je montai; je heurtai; une vielle femme en larmes me vint ouvrir.

Ses yeux effarés m'examinèrent de la tête aux pieds.

— Entrez, me dit-elle, entrez, monsieur.

Elle me précéda dans des pièces éclairées par des lampes.

— Madelon, lui dis-je, savez-vous lire?

— Non, monsieur, répondit-elle avec humilité.

Je tirai de ma poche la lettre de Cyprien et la sienne.

— Connaissez-vous cette page?

Je ne l'ai pas écrite, monsieur, je l'ai dictée à une voisine, mais c'est ma croix que j'ai tracée au bas... j'ai adressé cette missive à M. Cyprien Daniel.

— Et Daniel m'envoie.

— Pourquoi?

— Pour remplir un mandat, Madelon... Vous vous souvenez de lui avoir dit, dans votre lettre, que votre maîtresse...

— Mon enfant, monsieur, l'enfant que j'ai nourrie...

— Que votre maîtresse, votre enfant... Madelon, vous avez raison, tournait ses yeux mourants du côté du secrétaire de bois de rose...

— Cela est la vérité.

— Dans ce meuble sont des papiers.

— Des lettres! murmura Madelon.

— Oui, des lettres ...

— Pauvre chérie! je crois bien qu'elle avait des lettres... elle en recevait toutes les semaines; elle pleurait en les lisant...

— Eh bien, Madelon, il faut les détruire.

— C'est ce qu'elle voulait, monsieur?

— Vous ne comprenez donc pas, malheureuse femme!...

— Si! si! fit-elle subitement. Oh! monsieur, ne pensez pas qu'elle fût coupable... Sur son tombeau, sur mon baptême, je jure que c'était une pauvre martyre... Elle était fiancée à M. Cyprien; ils devaient se marier, une faillite ruine le père de

Mme Pauline; et, pour rétablir la fortune, on l'obligea à épouser M. Courtaud, riche de vingt-cinq mille francs de rente... Elle pleura, elle pria, rien n'y fit... On l'appela égoïste, on l'accusa de manquer de cœur.., On lui répéta tant de fois qu'elle devait se sacrifier pour sa famille, qu'elle céda, monsieur; et ce fut moi qui attachai son voile de mariée, moins blanc que son visage... M. Cyprien s'engagea de désespoir, ne voulant pas se tuer lui-même, il attendait une balle à la guerre... Mme Pauline, je le sais, recevait des lettres de celui qu'on lui avait autrefois permis d'aimer, et que brusquement on lui ordonnait d'oublier... Si c'était une faute, ce fut la seule commise par cette pauvre martyre... Vous avez raison, sa dernière pensée fut pour ces lettres... Ayant vécu fidèle au mari qu'on lui imposa, elle tremblait à la pensée qu'une fois morte on trouverait des papiers dont on pourrait faire une arme contre son innocente mémoire... Je ne comprenais point... Je ne devinais pas... Je suis une vielle femme ignorante, inhabile à tout, hors à l'aimer.

— Eh bien, Madelon, il s'agit d'obéir à la morte.

— Oui, monsieur,

— Cyprien, ne pouvant quitter son régiment, m'a chargé de prendre ces lettres et de les brûler.

— Je vais vous conduire dans sa chambre, monsieur.

Madelon prit une lampe et passa devant moi.

— Voici le secrétaire, dit-elle en s'arrêtant devant un meuble.

— Je poussai un soupir découragé.

— Prenez, me dit-elle.

— Mais, répondis-je en prononçant les mots avec effort, les scellés sont mis.

— Rapport à l'absence de M. Courtaud me répondit-elle avec simplicité.

— Madelon, repris-je accablé, nous ne pouvons plus rien pour elle!

— Rien, monsieur! non, vous avez raison! rien que remplir sa chère volonté.

— Pas même cela.

— Et qui nous en empêcherait?

— La loi.

— Qu'a-t-elle à voir au vœu d'une mourante?

— Au vœu, rien! à la fracture tout... Ces bandes de toile! et ces cachets de cire m'effrayent plus qu'un mur à franchir ou une serrure à forcer.

— Ces bandes de toile! mais un enfant en viendrait à bout, monsieur.

Et Madelon voulut y porter la main.

— Malheureuse! lui dis-je, arrêtez!

— Au fait, monsieur, c'est vous qu'on en a chargé... Vous savez lire, et vous vous connaissez en papiers... Seulement, je sais que le télégraphe a joué pour avertir M. Courtaud ; il peut entrer dans cette maison comme la famine chez un pauvre homme... Faites donc vite ce que souhaitait la morte et ce que votre ami vous demande...

— Madelon, répondis-je, vous ne savez point ce que vous me conseillez... Si nous forçons ce secrétaire, si l'on nous soupçonne, nous sommes perdus.

— Nous ne volerions rien, cependant. Votre ami vous écrit: Reprends mes lettres... vous les reprenez.

— Mais la loi a dit : — De l'heure où je fixe sur les meubles ces bandes de toile, obstacle dérisoire et sacré, tout bris est passible d'une peine infamante.

— Ah! dit lentement Madelon, la prison.

— Le bagne..., murmurai-je.

— Vous avez raison, monsieur, cela ne vous regarde plus... Ma pauvre enfant me croyait un cœur de mère... Vivante, elle me chargea de cette mission, et je la remplirai quand même... Ce n'est pas à l'étranger de se sacrifier... Ce que vous appelez des scellés, je les briserai seule, et seule je défendrai ma chérie contre la calomnie... Car, si son mari trouvait des lettres innocentes, j'en suis sûre, et auxquelles elle ne répondit jamais, il ne manquerait pas de l'accuser... Pourrait-elle se défendre, maintenant? Non ! c'est donc à moi de prévenir l'injustice !

Je saisis le poignet de Madelon.

— Vous aviez ici un poste de confiance?

— Oui, monsieur.

— L'argent, les bijoux, vous saviez où tout se renfermait?

— Oui, monsieur.

— Alors, ce n'est pas à vous d'ouvrir le secrétaire... Figurez-vous qu'au moment où je brise les scellés M. Courtaud pénètre dans l'appartement. On m'arrête, on me conduit devant un juge... Je montre la lettre de Cyprien Daniel, la vôtre, et la liberté m'est rendue; tandis que vous...

— Eh bien, moi...?

— L'on vous traiterait de voleuse! Ce secrétaire peut contenir des diamants!

— C'est vrai, murmura Madelon.

— Vous allez descendre chez le concierge ou faire une commission quelconque dans la rue, d'une façon ostensible; il faut qu'on vous voie... Lorsque vous remonterez, ce sera fini.

Il y eut une lutte de générosité entre nous. Madelon céda.

Resté seul, je ferme la porte à double tour, je brise les scellés du secrétaire, je pratique une pesée à l'aide d'un couteau-poignard; j'ouvre le tiroir; j'y trouve la clef, le secret joue, je tiens les lettres... Je me retourne triomphant... Un homme

6.

était devant moi, dans la baie d'une porte que je n'avais point aperçue...

Je devinai le mari.

Je souffle la bougie, je bondis vers la fenêtre, je saute à tout hasard, je tombe sur le pavé, étourdi mais non blessé ; des cris se font entendre... La terreur me rend des forces, je m'enfuis... Il me semble que je heurtai Madelon sur le trottoir... Je suis la rue Cassette, je tourne à gauche ; un embarras de voitures m'arrête ; une voix me crie : — Faut-y une voiture, bourgeois? Je saute dans un fiacre. — Où allons-nous? — à Charenton! Et le véhicule marche. — A la hauteur de la Bastille, je descends, je paye une heure ; un café est ouvert j'y entre ; je demande une tasse de café, je saisis un journal, je fais semblant de le lire et je le tiens au rebours ; je quitte l'établissement pour prendre la rue Saint-Paul. Un théâtre donnait une première représentation et jetait sur le boulevard Beaumarchais des spectateurs fatigués d'avoir déja vu quatres actes et quinze tableaux. Un vieux monsieur quittait le péristyle ; il semblait embarrassé de sa contre-marque. Je tends la main, il me la donne sans me regarder ; j'entre au théâtre ; j'écoute sans entendre ; j'ouvre les yeux, je ne distingue rien, je serre les lettres sur ma poitrine. La toile baisse, on apprend un nom d'auteur à la foule, elle applaudit, se lève, s'écarte, et me voilà porté par le flot au millieu de la cohue. Une seconde fois, je monte dans une voiture. Ma panique est passée ; le danger a disparu. Je rentre chez moi. Une veilleuse allumée m'attendait. Je prends les lettres, je fais un feu de joie. Je recueille les papiers noircis non encore réduits en cendres, je les mets dans une enveloppe, je cachète avec de la cire de deuil, et je trace l'adresse de Cyprien Daniel...

Ce que je devins ensuite, je l'ignore.

Il parait que la vieille femme, chargée de faire mon ménage, me trouva le lendemain étendu sur un canapé. Une fièvre violente s'empara de moi, j'eus le délire. Mes craintes, mes phrases décousues, le nom de Mme Pauline, la lettre adressée à Daniel, en Algérie, le souvenir de Madelon traversant ma pensée, tout cela fut mis sur le compte du délire. Le médecin était mon ami, s'il devina ou pressentit quelque chose; il n'en laissa rien voir. Au bout d'un mois, je me levai, je sortis. J'appris alors qu'une servante, dont personne ne connaissait le nom, était venue chaque jour demander de mes nouvelles. Cyprien lui avait écrit. Inquiète des conséquences de cette lugubre nuit, elle s'était informée de moi... Quinze jours plus tard, il n'était plus besoin de se préoccuper de son sort; Madelon avait été rejoindre l'enfant de sa tendresse, et la nourrice aux cheveux blancs avait retrouvé la belle jeune femme...

— Vrai, me dit Gustave Louviers, tu m'as fait frissonner!

— Je l'espère bien.

— Sais-tu que tu possèdes un vrai talent dramatique?

— Le juge d'instruction me l'a déjà dit.

— Tu aurais dû faire une nouvelle avec cet épisode.

— J'en ai fait une maladie, c'est bien assez

— Plaisanterie à part, c'est effrayant.

— N'est-ce pas? cette morte... ces lettres...

— Non! la morte ne peut revenir... les lettres étaient innocentes et n'eussent blessé en tout cas que le sieur Courtaud, assez peu délicat pour spéculer sur la ruine d'une famille et épouser une jeune fille qui se sacrifie.

Ce qui me préoccupe, ce sont les scellés...

— Oui, en effet! c'était grave!

— Grave! la loi est formelle... De deux à cinq ans de réclusion.

— Admettons, dis-je gravement, que l'on m'eut appliqué le maximum: cela faisait cinq ans.

— Positivement.

— Ce qui, joint à neuf années de détention comme ayant agi sans discernement, dans l'affaire des rûches à miel de Jaserons, et à quinze années de bagne pour faux en écriture publique, en admettant que l'on ait eu égard à ma jeunesse, forme déjà un total afflictif de vingt-neuf années d'emprissonnement, tant dans une maison de correction qu'au bagne.

Gustave Louviers se mit à rire.

— Que marmottes-tu là? me demanda-t-il.

— J'énumère le nombre de crimes et de délits que peut commettre un individu passant pour un honnête homme!

— Ah! mon cher, que l'on irait loin avec ce système!

— Tu crois? fis-je avec une secrète espérance. Il me semble bon, à l'heure où l'on commence à douter de l'immaculation de son honneur, de penser que les autres vous valent encore à grand'peine!

— Sans nul doute. Quant à moi, avocat, bon citoyen, garçon intègre, j'ai fumé des cigares de contrebande, acheté des marchandises prohibées, gardé, avec connaissance de cause, un elzévir d'une rareté miraculeuse, et, un jour que je me trouvais sans argent, à une époque où le progrès des timbres bleus n'existait pas, j'ai payé le port d'une missive avec six vieux sous romains, d'une valeur numismatique supérieure, il est vrai, mais que n'aura point appréciée la buraliste et qu'inévitablement elle aura dû remplacer. J'ai la réputation d'être un bon enfant, et pourtant un des pions de mon collége est mort de chagrin à la suite d'une mauvaise farce jouée par moi et qui le rendit ridicule. Nous avons tous à la police du bon Dieu un formidable dossier. Notre honneur semble intact; nous marchons fièrement sur nos talons noirs, mais il est un livre taché par bien des fredaines oubliées et que l'on nous représentera un jour.

— N'est-ce pas décourageant? demandai-je à Gustave.

— Cela porte à la réflexion, du moins.

— Et ne trouves-tu pas que, si un homme coupable de plusieurs de ces *méfaits innocents* se trouvait un jour accusé réellement d'un crime dont il n'aurait pas même eu la pensée, la justice distributive ne ferait que son devoir?

— Ah! mon ami, répondit-il, je n'établis aucun rapport entre les scellés brisés rue de Vaugirard et l'assassinat du lapidaire de la rue Descartes.

— J'en fais un, moi!

— N'exagère rien! ce dernier cas est un malheur.

— Mérité, peut-être.

Gustave se leva.

— Dans tous les cas, applique-toi ce vers de La Fontaine!

Et c'est être innocent que d'être malheureux!

— Fouquet fut condamné.

— La Fontaine n'en a pas moins fait un beau vers.

— Fouquet expia durement...

— Ne me raconte pas l'histoire du Masque de fer... je t'en prie, la pièce m'ennuie...

— Tu crois donc?

— Moi! rien du tout! et cela m'est parfaitement égal, je te jure... Adieu... La petite horloge de ton cachot marque dix heures... Pour un prisonnier, on te fait la vie assez douce...

— C'est l'amitié qui me la crée ainsi...

— Allons, repose-toi et fais des rêves moins noirs que notre causerie... Ne vois ni le château d'If, ni le donjon de l'île Sainte-Marguerite...

— Tu reviendras?

— Demain... assez tard...

— Ah!

— J'ai une visite à faire.

— Chez qui?

— Ne faut-il point que je prenne des nouvelles de Mlle Alexie Andrieu?

— J'ai sauté au cou de Gustave.

L'honnête garçon m'a serré la main; la porte s'est refermée; un quart d'heure après, Nicou est venu tirer la barre, et la tourterelle qui perche sur la fenêtre, s'est mise à roucouler.

XXIII.

LE LUXE DES FEMMES

Gustave ne se trompait pas; le nom d'Alexie m'a rasséréné l'esprit. Jamais figure de jeune fille sérieuse et chaste ne m'apparut plus belle dans le cadre du foyer domestique.

Elle ne copie point ses robes sur la dernière gravure; elle ne lit point le dernier livre paru; elle n'assiste à la première représentation d'aucune pièce. Sa conversation est sérieuse; le cœur y met une chaleur douce, tempérée par une modestie extrême. Je sais que les mains d'Alexie, si habiles aux travaux d'aiguille et qui voltigent sur les touches d'un piano pour le charme de ceux qui l'écoutent, ne dédaignent aucun des soins minutieux du ménage. Elle seule met dans le vase d'antique faïence les fleurs préférées de Mlle Bernarde; elle seule range son métier, ses laines à tapisserie, s'occupe de la lampe le soir, entasse le linge blanc dans les armoires, compose le menu des repas modestes et distribue les aumônes.

Ces soins, que tant de femmes traiteraient de vulgaires, loin de diminuer son charme à mes yeux, le doublent et le sanctifient.

A notre époque, on veut épouser des héritières.

Cependant la question de la dot, celle des successions sont les moindres.

Ne demandez point à une jeune fille ce qu'elle vous apporte, mais ce qu'elle dépense.

Si l'intérêt de sa dot suffit uniquement à payer sa toilette, vous vous trouvez bientôt débordé malgré vous, gêné et poursuivi par les épineuses misères de la vie.

Jadis, les gouvernements eux-mêmes, comprenant de quelle gravité étaient ces questions, daignaient formuler des lois somptuaires. Si Paris se taisait, la province élevait la voix, les villes tenant à l'honneur de leurs dames, l'environnaient de sages barrières. La cour souveraine de Provence ordonna aux femmes, sous peine d'excommunication, de confiscation et de quarante sous d'amende, de ne porter après les noces « *ni rubans, ni ouvrages en broderies, ni boutonnières d'or et d'argent, ni guirlandes de pierreries, ni coiffure ornée de pierreries, ni coiffure ornée de perles, ni vêtement de soie* ». Le 23 mai 1593, l'official de Marseille défendit aux femmes de porter des vertugadins *à peine d'être retranchées de la communion des fidèles;* le luxe égalait-il donc à cette époque ce qu'il est aujourd'hui? Si le gouvernement n'intervient pas, si la loi est muette à ce sujet, la raison n'élève-t-elle pas la voix? Comment reconnaître les conditions, l'état social, je dirai presque la moralité des femmes, si l'on ne considère que leur façon de s'habiller? La femme honnête prend la couturière des *autres;* si elle n'adopte pas tout à fait l'excentricité arborée par *elles,* elle est bien aise qu'on la côtoie. Ses efforts tendent à se rapprocher de ce qu'elle devrait craindre. La notion du vrai et du beau lui échappe. Elle ne cherche ni ce qui est bien et lui sied, mais ce qu'elle a vu, n'importe à qui. Il peut arriver aujourd'hui à l'homme le plus sérieux de voir que l'on se trompe sur le compte de la femme qui est à son bras. Ne dirait-on pas que toutes ces folles créatures ont hâte de changer leur bonne réputation pour une ceinture dorée.

Oui, certes, et plus que jamais, le mariage est une chose grave et qui mérite qu'on y pense. Car enfin, ce n'est ni un mannequin de coiffeur, ni une poupée d'étalage que l'on prétend épouser! Eh bien, rien ne vous garantit ou du moins presque rien, maintenant, contre la ruine qui vous viendra infailliblement par votre femme.

Je raisonne d'après moi. Je choisis ma position comme un type; en cela, je n'ai pas absolument tort: elle est la moyenne de la situation des hommes de vingt-cinq ans. Les millionnaires ne pleuvent que dans les romans. Les fortunes de nababs ne fleurissent que dans les hauteurs de certains quartiers. Je parle, j'écris, je pense donc au point de vue des hommes jeunes qui gagnent, comme moi, six mille francs par an.

La banque, certaines administrations, les arts, les lettres, la pratique de la médecine, des plaidoiries d'avocat, une place de premier clerc en rapportent autant; quelques fils de propriétaires jouissent également d'un semblable revenu. Ils sont presque riches avec cela ! On ne leur demande qu'un habit, des gants frais et une amabilité de convention pour les bien recevoir partout. Ils peuvent occuper une seule chambre et se passer de domestique si cela leur convient. Ils dînent dans des familles bienveillantes, au premier janvier quelques bonbons acquittent cette dette. Quant aux amis, les restaurants et les cafés sont leurs rendez-vous habituels ; on y rompt le pain, on y partage le sel, on y échange les coupes fraternellement.

Vienne le mariage, tout change d'aspect.

Un appartement devient indispensable.

Aussi modeste qu'on voudra le choisir il coûtera, fr. 1,500

Les gages de la cuisinière se monteront à, » 600

L'entretien de la table, au minimum, » 3,600

Le blanchissage,	fr.	400
Les cigares du mari,	»	400
Les bouquets de madame, les lettres, les voitures,	»	500
Les habits et l'entretien de monsieur,	»	1,000
La toilette de madame,	»	2,400
Une femme de chambre devient indispensable,	»	600
Total.	fr.	11,000

Et dans ce chiffre assez rond déjà, puisqu'il est convenu que nous parlons d'un très-modeste ménage, nous ne faisons entrer en ligne de compte, ni les déménagements imprévus, ni les porcelaines cassées, ni les acquisitions fantaisistes, ni les voyages au beau temps, ni les loges de théâtre, ni les livres nécessaires à vos travaux, pas plus que la musique prise chez l'éditeur et placée sur le piano. Si un malheur vous survient, une maladie, un intérim, vous vous trouvez tout de suite arriéré dans tous vos comptes. Ai-je donc exagéré quoi que ce soit? Nullement. Le chiffre de 2,400 fr. pour la toilette d'une jeune femme est d'une médiocrité de pensionnaire. Avec le genre des façons, l'envergure des robes, les étoffes employées, quelle couturière rougit maintenant de vous demander 600 francs d'une robe fort simple?

Aucune ! Et si vous n'êtes pas, vous, une femme modeste, simple et charmante, vous rougissez, devant la faiseuse, d'être obligée de marchander une passementerie, une dentelle ou une frange au dernier goût.

Vous vous privez de tout, avec ce budget de 11,000 francs sur lequel vous ne prenez presque rien.

Et si vous hasardiez une observation, l'on saurait parfaitement vous répondre :

— Mais Monsieur, j'ai apporté 100,000 francs de dot, et je ne dépense que 2,400 francs.

Sans doute, *vous* ne dépensez pas, mais vous forcez à dépenser.

Le jeune homme, riche, indépendant et heureux avec 6,000 francs, hésite à prier un ami de venir s'asseoir à sa table, ces prétendues dots, ces fausses héritières, ces jeunes filles à prétention, ces aspirantes au faux luxe, ces amoureuses de robes voyantes, de fonte bronzée, de damas de laine, ces chercheuses de ce qui parait, n'ont jamais un beau linge de Saxe à étendre sur votre table, ne pensent jamais à commander le plat que vous aimez, laissent tout ce qui est à vous aux mains d'une repriseuse maladroite, et tandis que vous besognez pour gagner autant d'argent que votre femme en apporte, la jolie petite créature passe son temps à oindre ses joues de *cold cream,* à les adoucir par un nuage de poudre de riz, à s'estomper les yeux grâce au pyrochrome, à teindre jaune de chrome les cheveux que vous aimiez noirs, et à rendre ses mains inhabiles à tout travail, tant il faut se donner garde de casser ces ongles fragiles, polis avec de la poudre de corail et taillés comme ceux des Chinoises.

Dieu me garde d'une de ces femmes !

Et pourtant ce ne sont là que les inutiles.

Il en existe de dangereuses.

Ces petites poupées, en général, ne pensent pas à mal.

Si on devait leur faire subir l'opération du trépan, et que l'on dût, extraction faite de la cervelle, remplir par toutes sortes de choses, la place qu'elle laisserait vide, on pourrait prendre au hasard de la gaze, des fleurs artificielles, des oiseaux mouches, du point d'Angleterre, des chansons de Nadaud, des pages de Ponson du Terrail, des parfums exotiques, des poissons rouges, des échantillons de toute sorte, des cartes, une houppe à poudre, etc.

Fermez la boîte osseuse, et je vous défie d'apercevoir le moindre changement dans ces petites créatures. Elles agiront de la même façon, reporteront leurs pensées sur les mêmes objets et n'en seront ni plus ni moins spirituelles.

Ne parlons pas de celles qui vous ôtent la sécurité de la vie, et mettent en danger votre honneur.

Il faut croire qu'elles sont des exceptions.

Les Romains plaçaient la quenouille au premier rang des présents faits à l'épouse. Je veux une femme laborieuse. Les doigts agiles doivent mieux savoir essuyer les larmes.

Plus je rêve, plus j'étudie, plus je compare, plus il me semble que cette chère et modeste orpheline me rendra heureux.

Mes dettes payées, notre mobilier acheté, nous aurons encore 200,000 fr., le chiffre indiqué tout à l'heure. Mais je travaillerai pour ajouter un peu de luxe à notre ménage. Puis nous ferons des économies... La famille ! mon Dieu ! le beau, le grand, le saint mot !

Je vois déjà notre intérieur.

Un appartement commode ; grande antichambre sur laquelle s'ouvrent toutes les portes. Le salon est bleu : Alexie a les cheveux blonds ; des meubles sans bois, ronds, moëlleux, gracieux, des rideaux doubles, des bronzes sur la cheminée, quelques bonnes copies sur les panneaux tendus.

La salle à manger, meublée de chêne, a pour ornement principal mes belles faïences de Faënza, et des cristaux de Venise, rouges, roses et bleus.

Sa chambre, oh ! la chambre est toute bleue ; un crucifix au-dessus d'un prie-Dieu ; une tête de Vierge, un apis simple, de la grâce, mais de la dignité dans cette grâce même.

Dans mon bureau, mes meubles de garçon ; je les aime, ils me rappelleront des jours alternativement lumineux et sombres. Alexie sera bien aise de les voir, car elle s'intéressera à ma vie passée, comme elle s'intéresse à mon présent.

Et la chambre de la tante Bernade ? Oh ! toutes les coquetteries, toutes les gâteries pour elle.

Sa vieillesse demande des soins; il faut que, par ses doigts tremblants, elle voie et sente de douces choses, dépourvues d'angles, polies, fines, douces; nous la gâterons à loisir! Moi, d'abord, je l'aimerai pour avoir servi de mère à Alexie. Alexie l'aime parce que... Cet ange a-t-il besoin d'une raison pour aimer? Ce sont les égoïstes qui raisonnent leurs sentiments. Les gens de cœur les donnent, les épanchent, les prodiguent. Ne seront-ils point toujours riches? Le fleuve des tendresses cessera-t-il de déborder?

Douce enfant?

Il est tard... sans doute, à cette heure, elle prie avant de s'endormir...

Priez pour moi Alexie...

Mon feu s'est éteint... les sentinelles se renvoient leur cri sinistre : — Prenez garde à vous! Hélas! ce cri s'applique-t-il point également à moi?

Ne dois-je pas prendre garde au jour qui passe, au moment qui fuit? — Je ne veux pas le voir, je n'y veux point penser; que cette soirée soit tout au souvenir, toute à la rêverie. Bonsoir Alexie ! que les anges vous gardent !

XXIV

DOUBLE SINISTRE.

Un coup de foudre m'a réveillé.

Une dépêche est arrivée au parquet par la malle des Indes.

Elle contient toute ma condamnation, en quelques lignes:

« Le capitaine Barthélemy Franzon, comman-
« dant le trois-mâts le Mercure arrivé en rade de
« Calcutta, le 5 octobre, a été pris, une semaine
« plus tard, d'une violente fièvre, qui l'a emporté
« au bout de quelques jours. Il laisse personnelle-
« ment des regrets unanimes. Tous les négociants
« de la ville assistaient à son convoi. On y remar-
« quait également la présence de Til-Saboo, riche
« nabab, à qui il avait, dit-on, sauvé la vie. »

Quel commentaire ajouter à ces lignes?

Avec Barthélemy Franzon s'évanouissent toutes

mes espérances. Mort! mort! à l'heure où j'avais besoin de lui, où son témoignage pouvait me sauver l'honneur et la vie. Mort! le digne et courageux marin, en proie à une maladie terrible, sans même avoir cette consolation de périr en matelot, à son bord. Avoir traversé toutes les mers, abordé sur toutes les plages et rendre le dernier soupir dans son lit! Cher parrain! noble ami! vous voyez de là-haut mes regrets et mes angoisses et vous ne pouvez rien, plus rien, pour l'enfant de votre adoption!

Gustave sort de chez moi.

Quand il est entré, j'ai vu qu'il connaissait la terrible nouvelle.

— Eh bien, ai-je dit avec un calme dont je m'étonne moi-même, tout est perdu...

— La bataille sera rude.

— En qui peux-tu espérer?

— En la Providence.

— Personne n'a vu commettr le crime; et le vieux lapidaire sait seul...

— Les morts parlent quelquefois, Alype.

— Ecoute, ai-je-repris, avec la communication de la dépêche de ce matin, l'espérance s'évanouit en moi. Mon Dieu! mon Dieu! ma mère, ma sœur, et celle...

Gustave m'a serré la main.

— Je vais être mis en accusation? ai-je repris.

— Oui.

— Et jugé?

— Aux prochaines assises.

— On me condamnera. On ne pourra faire autrement.

— Tout est contre nous, reprit Gustave, ton ami, ton pauvre cher poëte, Eusèbe Mayor, est toujours la proie du délire...

— Cela importe peu. Que dirait-il? — J'ai écrit à Eusèbe. On le sait, je portais sa lettre sur moi. Répondra-t-il de ma moralité? Vingt personnes le peuvent faire également. Ce n'est que dans les tragédies qu'il est possible de convaincre un homme avec ces deux vers:

> Un seul jour ne fait pas d'un mortel vertueux
> Un perfide assassin, un lâche incestueux.

Moi! s'il ne s'agissait que de moi, peu importe! mon avenir est peu de chose. Je n'aspire à aucune gloire; j'ambitionnais une part de bonheur, et, tu le vois, c'était encore trop. Il me serait donc facile de me résigner, mais ces femmes, toutes trois si chères! Heureusement elles sont chrétiennes!

— J'étais, comme toi, tellement convaincu que la solution de cette énigme nous viendrait de M.

Franzon, que je l'attendais en toute quiétude. J'ai eu tort. Autant que ton ami, je suis ton avocat. Il n'est plus temps de s'endormir; il faut chercher, fouiller, trouver; ta sécurité me gagnait; ton innocence me gardait le calme, et, comme toi, je considérais cette aventure comme le 1er acte d'un drame bourgeois, qui finirait en comédie. Oui, j'ai eu tort, car la justice n'a qu'un glaive! Si ce glaive tombe, le salut est impossible! Enfin il nous reste encore un mois, six semaines peut-être; compte sur moi!

— Comptez sur Dieu, ajouta l'abbé Jérémie en entrant.

— Vous avez lu la dépêche, mon Père?

— Depuis ce matin.

— J'espère que vous êtes content. Voyez combien je suis paisible.

— Je vous aimerais mieux résigné.

— C'est votre tâche, mon Père! Tout ce que l'homme, le philosophe, le stoïcien peut faire en ce moment, je le fais.

— Eh bien, dit le prêtre en me prenant dans ses bras avec un élan admirable, je ne vous veux pas stoïcien! Vous avez vingt-cinq ans, malheureux enfant! votre mère et votre sœur vous adorent! La vie a mille promesses de bonheur pour vous... Vous le savez, vous le voyez, et vous étouffez vos larmes par une feinte fermeté!... Pleurez, sanglottez, nous sommes des amis, des frères! Votre douleur doit être grande car votre épreuve est terrible. Mais ne désespérez de rien! Dieu est là! Dieu est un père et non point un tyran... Il nous veut accablé, brisé, broyé, eh bien! courbez-vous sous la main de fer qui vous jette sur le sol; quand vous vous relèverez ce sera en chrétien, humble et doux, résigné et fort.

Je n'ai pu résister à ces paroles, je me suis abandonné à l'étreinte de l'abbé Jérémie, et j'ai pleuré!

Gustave est sorti.

L'abbé n'a presque rien dit. Il me gardait les mains, il épousait ma douleur; le voyant si abattu, c'est moi qui ai entrepris de le réconforter. Ce qu'il m'avait dit sur la Providence, sur la miséricorde, je le lui répétais. Le poids qui m'oppressait la poitrine s'allégeait; et, comme il le souhaitait, au moment où il me quitta, j'avais une prière sur les lèvres.

XXV

COMPLAINTE DES PÈLERINS DE SAINT-JACQUES.

Ce matin Nicou semblait consterné; l'autre guichetier, au contaire, sifflait avec la gaieté d'un merle repu de baies d'églantier. Il est profondément criminaliste; le malheureux, et je plains les condamnés à qui il va dire : — « C'est pour demain ! — » cette phrase fatale que je trouvai gravée dans mon premier cachot.

Nicolas, lui, malgré son insouciance, me regarde à la dérobée.

En posant un livre sur la table, afin de prendre sa leçon de lecture, il l'a ouvert à un feuillet plié d'avance.

— C'est Marianne qui l'a marqué, m'a-t-il dit.

J'ai jeté un regard sur le passage indiqué.

Il racontait l'histoire de Joseph, vendu, accusé, condamné, sauvé !

Bonne créature, elle m'envoie, comme l'abbé Jérémie, la sainte fille du ciel appelée Consolation !

Nicolas lisait lentement le touchant épisode biblique; son petit doigt rose soulignait les lignes à mesure, afin de lire avec plus de sûreté. Sa voix s'attendrissait, son cœur se gonflait, au récit des malheurs du fils de Jacob, et il se tenait debout, pressé contre moi, appuyant sa tête bouclée sur mon épaule.

Abel, Joseph, la fille de Jephté, les martyrs de tous les pays et de tous les siècles, les grandes victimes de l'ignorance, les sublimes inventeurs accusés de folie, les pauvres gens pris dans la foule, saisis, condamnés, tous ceux sur la tête de qui tomba le glaive, me reviennent à la mémoire.

Le petit voleur de ruches chante dans la cour.

Autour de lui, on fait cercle.

Sa voix est pure, et voici la ballade qu'il dit, sur un air traînant, à notes grêles et perdues, musique en mineur, trouvée pendant une veille de tristesse, légende populaire, rimée par quelque pieux ignorant, revenant de Compostelle, le bourdon en main, et le camail garni de coquilles symboliques.(1)

I

Ce sont trois pèlerins
Qui s'en vont à Saint-Jacques,
Ayant près d'eux leur fils
Encore plus beau qu'un ange

II

Ils sont allés loger
Dans une hôtellerie,
La servante a chanté
La légende fleurie,

(1) L'auteur cède au plaisir de citer textuellement la légende qui a bercé son enfance, et qui lui rappelle sa chère Bretagne. Ses doux et longs souvenirs sont son excuse, s'il en a besoin.

III

Mais, dès le matin jour,
Les pèlerins décampent.
La servante pleurait
Du regret qu'elle avait.

IV

Le maître lui a dit :
— Qu'as-tu donc ma servante ?
Et quel est le regret
Qui te fait soupirer ?

V

— Les pèlerins d'hier
Ont volé votre tasse...
— Il a pris trois sergents,
Et lui qui faisait quatre.

VI

On les a poursuivis
Jusqu'à Saint-Dominique.
On a fouillé le père,
On a fouillé la mère !

VII

On a fouillé l'enfant,
On a trouvé la tasse...

— Viens donc, mauvais larron
Viens donc te faire pendre !

VIII

— Partout où vous passerez,
Pour moi payez passage !
En revenant ici,
Passez près ma potence...

IX

Après la quarantaine,
Les pèlerins repassent.
Du plus loin qu'elle les vit,
L'enfant se mit à rire.

X

— Tu ris ! tu ris, enfant !
Tu ris, en grand martyre...
— Ah ! nenni dà ! mon père,
Ah ! nenni dà ! ma mère.

XI

La Vierge est à mes pieds,
Et ses mains me supportent.
Deux anges à mes côtés,
Qui toujours me consolent.

XII

— Allons, allons, bourreaux,
Il faut mon fils me rendre !
— Il y a trente jours
Que je l'ai mené pendre...

XIII

— Tu as menti, bourreau,
Car il vient de me rire.
On dépendit l'enfant,
On pendit la servante.

Nicolas lève vers moi ses yeux bleus :

— Monsieur, me dit-il, l'enfant aux abeilles chante une histoire toute pareille à celle que la Bible raconte.

— Oui, mon petit ange.

— Oh ! je ne suis pas un ange, dit-il gravement.

— Pourquoi ?

— Si j'étais un ange j'aurais de grandes ailes, et je ferais comme dans le tableau de saint Pierre, que Marianne m'a montré, je te prendrais par la main et je te ferais sortir de prison.

J'ai embrassé l'enfant.

Quand la page marquée, la légende de Saint-Jacques en Galice, et le mot de Nicolas ne seraient que des présages, ces présages sont doux et je les accueille avec un sourire.

Nicou tire les barres de fer, l'enfant m'embrasse, la tourterelle lui becquette les lèvres... Dans la cour, le bruit d'une rixe et d'horribles vociférations succèdent à la complainte de tout à l'heure...

— Quel enfer, mon Dieu! quel abîme!

Et sur la porte quel mot est écrit, de la main d'un grand citoyen, d'un grand poëte, d'un grand proscrit?

Entre, qui que tu sois, mais laisse l'espérance.

XXVI

BRUNO LE LAPIDAIRE.

Bruno était un ouvrier habile et de plus un honnête homme. Pauvre, il trouvait le moyen de rendre service à plus pauvre que lui. Ses bienfaits tombèrent souvent sur des êtres indignes; il ne s'en étonna point et continua à se dévouer. Bruno pensait que tout homme est tenu de léguer une bonne action pour exemple. Il gagnait jadis des semaines élevées; s'il n'économisait pas, c'est que son voisinage se trouvait besoigneux. Il voyait des femmes en haillons, des enfants sans pain, des vieillards manquant d'asile. A l'un il donnait de l'argent ; avec les autres il partageait son repas.

Bruno se maria quand il atteignit vingt-cinq ans. La compagne qu'il choisit devait le rendre heureux. Il eut un enfant ; ce petit être mourut, et la mère le suivit. Bruno, inconsolable, se jeta plus avant que jamais dans le travail.

Un jour, il entendit raconter l'histoire d'un voleur récemment condamné à vingt années d'emprisonnement, et déplorer le sort de son fils Antoine, âgé de huit ans, et qui, faute de quelqu'un pour le réclamer, serait classé parmi les orphelins et les abandonnés.

Bruno se sentit ému.

Il alla trouver le président du tribunal, et le pria de lui confier l'enfant.

— Mon ami, lui répondit le magistrat, j'apprécie votre démarche comme elle doit l'être ; je vous ferai seulement remarquer qu'Antoine annonce de tristes penchants. Pour cette nature peut-être héréditairement corrompue, mais à coup sûr précocement mauvais, la maison de correction serait plus sûre que l'intérieur d'une famille.

— Il a reçu de mauvais exemples, M. le président ; je lui en donnerai de bons, répondit Bruno ; si je m'aperçois que les instincts sont mauvais, je les combattrai. Il me semble, à moi pauvre homme illettré, que la paresse cause la moitié du mal commis ; quand l'enfant me verra tourner ma meule douze heures par jour, il voudra, lui aussi, travailler par esprit d'imitation. De petits salaires, des éloges, une franche amitié lui vaudront mieux qu'une rude discipline en commun. Permettez-moi d'essayer. — Cette charge sera lourde, sans doute ; mais avant mes chagrins ma femme et mon enfant vivaient de ma paye ; elle suffira encore pour deux.

Antoine fut amené devant Bruno.

Le magistrat posa sa main sur la tête de l'enfant, et, lui montrant le lapidaire :

— Antoine, dit-il, ton père s'est rendu coupable d'un crime et la justice a sévi contre lui. On allait t'enfermer dans une maison d'orphelins, car tu es seul au monde, sans appui, sans famille ; abandonné à toi-même, tu deviendrais un vagabond d'abord, peut-être un misérable plus tard. Cet homme que tu vois ne te doit rien ; il ne connaît que ta misère, ton abandon. Sa laborieuse existence plaide la cause de ton ignorance et de ta paresse. Il demande que tu lui sois confié comme son enfant. Tâche de comprendre et surtout de reconnaître sa générosité... Montre-toi reconnaissant, soumis...

— Travailleur seulement, dit Bruno à mi-voix.

Antoine regarda le lapidaire, puis le président : Ses yeux gris perçants, dans lesquels semblait se cacher l'astuce, firent jaillir une étincelle; sa bouche sourit vaguement.

— J'obéirai, dit-il.

— Et tu travailleras ?

— Oui.

— Viens, dit Bruno.

Le brave ouvrier remercia chaleureusement le magistrat et emmena Antoine.

L'enfant comprit une seule chose : — Je n'irai pas en prison si je vais avec Bruno. Or Antoine avait trop entendu parler de la prison pour n'en avoir pas une grande peur. Il savait que ce nom seul faisait trembler son père et les gens de méchante mine dont il s'entourait. Rien ne tressaillit dans son cœur. La générosité de Bruno ne le toucha point. Il reçut le bienfait, non pas indifféremment, mais sans reconnaissance pour le bienfaiteur. La perspective de travailler l'effrayait. Sa première enfance s'était passée sur le pavé de Paris ou bien dans des bouges où il prenait une part d'eau-de-vie, de ragoûts indigestes. Pour mériter ces régals il devait parfois faire le guet devant une porte, avertir des compagnons, courir dans certains repaires. Antoine apprenait le métier de voleur. Son père volait, les camarades de son père volaient; il n'avait jamais cru qu'une autre carrière pût lui être ouverte. Elle entraînait des évantualités, des dangers, des revers terribles; mais aussi, elle permettait de vivre en plein air, les mains dans ses poches quand on avait retourné celles des autres; de flâner, de flibuster partout, de dîmer sur les riches, d'opérer des captures magnifiques, de faire fortune en un jour, pourvu que le coup fut hardi et que l'affaire en valût la peine.

— Bah! pensa Antoine, acceptons toujours; si je m'ennuie trop je filerai.

Bruno le fit souper amplement et gaiement; ce soir-là, l'honnête ouvrier prenait possession de sa paternité.

Le lendemain matin il l'éveilla de bonne heure, lui assigna une place à l'établi et commença à lui enseigner le nom des outils et leurs maniements.

Antoine ne manquait pas d'intelligence, il retenait vite; ses doigts agiles se prêtaient à un labeur minutieux: bien soigné et même gâté par le lapidaire, chaudement vêtu, aimé et protégé, il s'accoutuma à cette vie et finit même par lui trouver de grands avantages. Bruno lui apprit à lire; les soirées s'égayèrent, et l'enfant en vint sinon à aimer Bruno, du moins à comprendre ce qu'il faisait pour lui.

Le lapidaire s'aperçut pourtant qu'Antoine dépensait un temps énorme chaque fois qu'il reportait du travail. Il jouait avec d'autres enfants, suivait des militaires, flânait sur les boulevards. La solidité ne venait pas dans cette cervelle. Le lapidaire se répétait : — Il est jeune! Mais Antoine venait d'avoir dix-huit ans et on devait convenir que les leçons glissaient sur son esprit. L'enseignement religieux le laissa froid. Il accompagnait Bruno par complaisance; jamais il ne trouva dans la religion une dilatation pour son cœur, une règle pour sa conscience, Bruno s'en affligeait. Mais le digne homme ne pouvait rien de plus que ce qu'il avait réalisé; le reste demeurait dans les mains de Dieu.

A mesure qu'Antoine apprit mieux son état, il conquit plus de liberté. Il parlait à Bruno avec une légèreté affectée. On ne pouvait lui reprocher d'être un vagabond et de ne point avoir de moyen d'existence ; ce qu'il devait à l'artisan lui semblait peu de chose. Il cessa d'accompagner le dimanche le lapidaire à l'église, à la promenade. Il se lia avec des jeunes gens de son âge, joua et perdit souvent sur un coup de carte le produit de sa semaine: il se grisa, se battit et rentra plus d'une fois souillé de sang et de boue, à demi ivre, capable d'inspirer un profond dégoût. Bruno le reprit doucement. Quand il vit qu'on ne l'écoutait pas, il parla avec autorité, cette sainte autorité de l'affection, ce grand pouvoir dû à une vie irréparable.

Antoine supporta d'abord les remontrances avec fatigue, puis il se révolta, et trouva qu'il se montrait bien patient de prêter l'oreille aux sermons de ce maître austère.

— Après tout, lui dit-il un jour à la suite d'une explication, pourquoi me tourmentez-vous sans cesse?... quels droits avez-vous sur moi? Êtes-vous mon père?

— Non, répondit doucement Bruno, c'est pour cela....

— Ah! je comprends, vous m'avez recueilli, nourri, et...

— Tais-toi, Antoine, n'entamons pas ce sujet.

— Au contraire, parlons-en... J'en ai assez de vos services, et il me semble que vous me les reprochez trop.

— Si je l'avais fait, je t'en demanderais pardon.

— Pour une partie avec des camarades... de bons enfants...

— Sont-ils aussi de bons ouvriers?

— Dame! cela ne me regarde pas.

— Ils doivent te donner de mauvais conseils.

— Eux? jamais... ; et puis, dans le nombre, il il y en a un qui a, comme mon père...

— Malheureux! s'écria Bruno, tu fréquentes ces hommes.

— Je ne suis pas fier... et du moment qu'ils sont honnêtes.

— Ils ne peuvent pas l'être.

— On l'est jusqu'à ce qu'on ait eu affaire à la *Rousse*.

— Te voilà sur une mauvaise pente, Antoine.

— Vous savez bien que je serai demain à l'établi... On fait le dimanche, c'est d'obligation... vous fêtez le dimanche, vous, père Bruno... et puis le lundi on chôme, c'est l'usage... pas pour vous, je sais bien, mais ça n'est pas un crime...

— Antoine, on commence par faire le lundi, comme tu disais tout à l'heure, puis le mardi on éprouve une grande fatigue de la double débauche des jours précédents et l'on ne fait rien qui vaille... l'habitude de la paresse se prend vite. On finit par travailler trois jours sur six... En s'engageant dans ce chemin, on quitte le sentier du devoir.

— Je ne suis pas apprenti, mais ouvrier.

— En devenant ouvrier, as-tu cessé d'être mon enfant d'adoption?

Antoine ne répondit rien, mais il ne s'amenda pas.

Une lutte s'établit entre Bruno et le jeune homme ingrat; elle brisa le cœur du lapidaire en lui prouvant à quel point il s'était trompé.

Un matin, en s'éveillant, Bruno s'aperçut que le lit d'Antoine était vide.

Plus tard il constatait avec terreur qu'un diamant d'une valeur de deux mille francs lui manquait.

Il devina l'horrible vérité.

Pâle, vieilli subitement, désespéré, l'honnête homme se rendit chez le négociant en pierreries qui lui donnait du travail.

M. Brunel le connaissait et l'appréciait.

— Monsieur, lui dit Bruno d'une voix tremblante, il me manque une pierre... du poids de trois carats... la chambre que j'habite est mal planchéiée... sans doute le diamant est tombé entre les jointures. Je suis un honnête homme, incapable de vous faire tort...je viens vous prier de me permettre de payer ce brillant peu à peu, en retenant chaque semaine sur le prix de mon travail.

Et voilà comment Bruno contracta pour deux mille francs de dettes.

Sa vie ne devint pas seulement rude et laborieuse avec excès, elle manqua de ce qui l'animait jadis. Il ne pouvait songer à Antoine sans que l'ingratitude du misérable lui soulevât le cœur d'indignation. Il comprit que tout était fini pour lui. L'acquittement de sa dette le rattachait seul à l'existence, non pas qu'il eût été capable de se tuer dans un moment de désespoir; mais sans cette obligation sacrée, mais la douleur l'aurait tué sans nul doute.

Les jours et les nuits se consumèrent à un travail ingrat. Il mit longtemps à payer cette somme énorme, mais il en vint à bout et respira de nouveau.

La vieillesse était venue; vieillesse isolée, veuvage éternel. Bruno ne coudoyait pourtant jamais une misère impunément. Donner était toute sa joie, et si on le voyait encore faiblement sourire, on pouvait se dire : — Bruno vient de rendre un service!

Dans l'humble quartier de la rue Descartes, on le vénérait. Plusieurs familles du voisinage auraient aimé l'attirer à leur foyer, le consoler, l'égayer; mais le vieillard gardait au cœur une blessure incurable, il ne permettait pas qu'une main y touchât, même pour tenter de la guérir, et si douce et légère qu'elle fût.

D'ailleurs, il était devenu défiant. Il n'ouvrait à personne cette chambre dans laquelle souvent se trouvaient des valeurs énormes. On croyait que Bruno taillait des cailloux du Rhin, et il affectait de rire quand on parlait des pierres qu'il polissait avec tant d'adresse et de patience.

Une seule personne dans sa maison connaissait

la vérité, c'était le pauvre poëte Eusèbe Mayor. Plus d'une fois il s'assit proche de l'établi de Bruno. Il s'amusait du chatoiement des diamants et prenait plaisir à étudier leurs reflets.

L'ouvrier et le poëte causaient. L'esprit de Bruno saisissait quelques-uns des côtés charmants de l'imagination d'Eusèbe; et, si le lapidaire avait su dans quelle détresse se trouvait le conteur, il ne l'aurait pas laissé emmener dans une salle d'hospice.

M. Brunel reçut un matin une demande considérable. Il savait que de tous ses ouvriers Bruno était le plus exact, et songea naturellement à lui. Forcé de partir pour Amsterdam où l'appelait une affaire importante, il remit à Bruno les pierreries nécessaires, monta en chemin de fer et arriva en Hollande. Il y était depuis trois jours quand la fièvre le saisit, fièvre accompagnée de délire. Il ne put lire aucune des lettres qui lui furent envoyées à Amsterdam, et se trouva incapable de répondre à des questions multipliées sur Bruno, questions qui lui furent adressées par un magistrat.

On lui disait que l'un de ses ouvriers avait été assassiné, puis dévalisé.

Or, le livre brouillard de M. Brunel contenait cette simple indication :

« *Donné à tailler à Bruno, rue Descartes, n° 17, le collier de lady Grandhope; valeur approximative :* 60.000 *fr.*

Or, Bruno mort, M. Brunel malade, nul ne pouvait fournir le moindre indice sur cette commande. On apprit par le premier commis du négociant la perte faite jadis par Bruno d'un diamant de prix; quelle coïncidence pouvait exister, entre cette première perte et le crime.

Qu'est devenu l'ancien apprenti de Bruno?

Le mot de l'énigme est peut-être là. C'est sur ce faible indice que repose toute l'espérance de Gustave Louviers.

Gustave est allé trouver le président et lui a fait part de ses soupçons. Des dépêches expédiées à tous les bagnes, à toutes les maisons de détention, n'ont amené aucun résultat. Le père d'Antoine, Lucas Roc, libéré de sa peine, a quitté la France; on ne sait ce qu'est devenu son fils.

Brunel est à l'agonie, Barthélemy Franzon est mort et j'avais sur moi, au moment où l'on m'a arrêté, des diamants d'une valeur presque analogue. Un mot de plus sur le registre de Brunel, mot énonçant le signalement des pierres confiées à Bruno, et j'étais sauvé; mais rien! Une « valeur approximative» et pas de renseignement sur le genre, le poids, la nature de ces diamants!

Mais comment retrouver Antoine Roc ou son père? D'ailleurs, quelle preuve fournir de leur culpabilité?

Quant à moi, brisé par l'attente et garotté par les mille fils de cette affaire ténébreuse, je cesse d'attendre, d'espérer, de croire. Il me semble qu'abandonné sur un rocher désert; je vois monter une marée homicide sans qu'il me soit possible de jeter un cri, de tenter un effort pour me sauver...

XXVII

CAIN ! CAIN !

J'ai entendu une fois en ma vie un cri navrant.

C'était une mère qui le poussait.

Debout, échevelée, l'égarement dans les yeux, la voix étranglée par une émotion désespérée, elle me secouait par les poignets en me répétant:

— Qu'as-tu fait de mon fils?

Son fils? je venais de le tuer en duel!

XXVIII

EN DUEL.

La belle soirée et la folle orgie!

Nous étions six, réunis dans un de ces cabinets

particuliers où les flacons se vident, où l'esprit pétille, où la chanson bat les ailes, où le rire résonne mêlé au cliquetis de l'argenterie, au choc léger des verres de cristal.

Un de mes amis faisait jouer sa première pièce; on la baptisait dans des flots de champagne; Eusèbe improvisait avec une verve merveilleuse, Aristide se mettait de temps en temps au piano et jouait quelque morceau entraînant; puis nous allumions des cigares, et à travers la vapeur bleue nous regardions passer les rêves de notre ivresse.

L'un des convives, Tiburce Audran, le plus jeune, échappait pour la première fois à la surveillance maternelle. Jusque-là, couvé au foyer de la famille, gardé pur par la sainteté de celle qui l'avait vu grandir, il ne s'était mêlé à rien de ce qui trouble, gâte et pervertit.

Pendant le souper même, plus d'une fois son regard, voilé d'un reflet d'innocence que nous tentions d'éteindre, se leva sur nous d'une façon suppliante et parut nous prier de l'épargner.

Mais Tiburce ne savait pas vider coupe sur coupe; le vin lui monta au cerveau, il tenta de se mettre à notre diapason.

L'entretien tomba sur un de ces sujets légers qu'abordent souvent les jeunes gens après boire.

Tiburce était gris; pas assez cependant pour ne

point se révolter encore de nos paradoxes. J'aurais dû le traiter en enfant, et respecter en quelque sorte cette première ivresse excitée par moi; mais mon bon sens venait de s'abîmer dans une dernière bouteille de vin du Cap, et je demandai aigrement raison de ses réflexions à Tiburce.

Ce qu'il balbutia, je l'ignore.

Tous deux nous nous échauffâmes.

Mes amis riaient, à la pensée que Tiburce en une seule nuit s'enivrerait et se battrait pour la première fois.

Après la discussion vint l'injure.

Je me déclarai offensé, j'eus le choix des armes, et nous quittâmes le restaurant pour monter en voiture, prendre en passant des épées, et de là courir à Vincennes choisir un emplacement propre à une explication.

Le vent frais du matin dissipa les fumées de l'ivresse.

Quand nous nous trouvâmes sur le terrain, la raison revenait; mais l'insulte était reçue, il fallait se battre.

Certes, mes amis pouvaient arranger cette affaire et nous réconcilier; mais la partie leur paraissait charmante: tous avaient eu leurs aventures et leurs duels; ils me raillaient de n'avoir jamais, à défaut de sujet grave, trouvé un prétexte pour tirer un coup de pistolet.

Tiburce ne faiblit pas.

Il prit son portefeuille, écrivit quelques mots sur une page, mit l'adresse et nous dit simplement :

— Pour ma mère.

On croisa les épées.

Je jure que mon intention n'était pas de tuer ce malheureux enfant, mais de lui donner une leçon, de lui faire une égratignure.

Je le ménageais ; il s'en aperçut. Inhabile à tirer, il devint dangereux à force d'audace ignorante. J'avais fort à faire pour parer ses brusques attaques, ses bonds impétueux, ses élans imprévus. Je n'attaquais plus, je me défendais seulement.

Ce fut lui, lui seul qui, brusquement, en voulant s'élancer sur moi, s'enferra et tomba la face sur le sol.

L'épée m'échappa des mains, je me cachai la figure avec désespoir.

On le releva, on le mit dans une voiture.

Emile donna l'adresse au cocher.

La voiture s'arrêta devant une maison que je ne reconnus pas.

Une femme en deuil vint nous ouvrir la porte à laquelle je heurtais. Sans doute mon regard lui annonça un malheur et mon attitude me dénonça à elle, car cette frêle et pâle créature m'étreignit les mains avec une vigueur étrange, sauvage, et me cria en brûlant ma figure de son souffle :

— Mon fils! qu'as-tu fait de mon fils?

Deux hommes le lui apportaient... On m'entraîna.

XXIX

DE L'AIR! DE L'AIR!

Des sinistres visions me poursuivent.

Je vois Tiburce, sa mère... Je distingue dans des brumes grisâtres des choses dont j'ignore le nom, mais qui me semblent repoussantes et hideuses.

J'étouffe! je manque d'air.

Je dresse ma chaise sur mon lit, contre la muraille, j'arrive à la fenêtre; je l'ouvre; les grilles sont là toujours, mais le vent de la nuit souffle par bouffées; il rafraichit ma tête brûlante et ma poitrine embrasée.

En ce moment les sentinelles se taisent.

Tout est recueillement et silence.

Cela me fait un bien extrême de regarder le ciel. Jamais il ne m'a paru aussi splendide. La lune répand une lueur argentée, les constellations dessinent leurs figures rayonnantes, la voie lactée paraît entourer l'azur d'une écharpe de lumière. Dans ce silence on entend des voix, au sein de cette nuit on distingue des harmonies. Ce sont les chœurs formés par les astres roulant dans l'infini; soleils marchant à la suite de soleils; étoiles dédoublant leurs images: beautés réfléchies et multipliées sans fin.

Chaque point, même celui que l'œil distingue à peine, est un monde! Monde dont rien ne saurait nous donner une idée; masses énormes glacées comme celle de la lune et privées d'atmosphère, ou formées de deux atmosphères lumineuses pareilles à celles qui enveloppent le noyau sombre du soleil, tantôt se mouvant comme Mercure dans une orbite allongée, tantôt décrivant comme Vénus un cercle parfait; tantôt calme comme la clarté de Jupiter, tantôt entouré d'un disque comme Saturne: merveilles d'ordre, d'harmonie, œuvres d'une puissance insondable qui maintient ces mondes dans leur route avec autant de facilité que sa main les sema dans l'espace.

Nier Dieu après avoir regardé le ciel est impossible.

Cro're en Dieu spéculativement, illogique croyance! cette contemplation me repose. Le calme revient. J'ai rêvé et, comme les enfants, je m'effraye des fantômes.

Quand je serai libre, avec quelle joie j'irai dans la campagne, en pleine et rase campagne, contempler seul et m'enivrer à loisir du spectacle admirable présenté par ces milliers de mondes.

XXX

EN FAMILLE.

Mes précautions ont échoué; ma mère, connaissant la gravité du danger que je cours, est arrivée avec Elisabeth. Elles veulent boire avec moi le calice d'humiliation et d'ignominie. Ah! du moins, si la foule m'accuse, si je suis condamné, devant leur conscience et leur cœur, je suis et reste innocent.

Le courage me manquait pour leur porter ce coup mortel.

J'avais supplié Gustave de ne leur point écrire; c'est une main chère, une main que je souhaitais unir à la mienne pour toujours qui a tracé la lettre fatale, lettre baignées de tant de pleurs.

Alexie n'a pas cru devoir cacher la vérité à deux créatures si dévouées et si tendres. Son cœur lui prouvait que tout mal est supportable dès qu'on le partage.

Chère jeune fille! quand sa résolution fut prise, qu'elle eut tracé ces pages désolées, elle s'est mise à genoux devant mademoiselle Bernarde et lui demanda la permission de les envoyer. La pauvre aveugle sentait tomber de grosses larmes de ses yeux sans regard. Ses mains se sont posées sur le front d'Alexie.

— J'ai permis vos fiançailles, dit la vieille fille d'une voix émue, Dieu veuille que je bénisse votre mariage; mais si tu dois porter et garder le veuvage du cœur, suis du moins toutes les inspirations de ton âme. La mère d'Alype ne saurait être une étrangère pour nous... que feraient ces deux femmes désolées à Paris? Les mêmes inquiétudes nous torturent, épanchons-les du moins en liberté... Le petit salon devient inutile, nous ne recevons personne; donne ta chambre à madame Caseaux et contente-toi du divan... Nous ferons de la sorte une seule famille... et si Dieu protège Alype, ce sera une avance prise sur l'intimité future.

Alexie a donc ajouté au bas de sa lettre l'invitation de sa tante; puis, prenant la main de l'aveugle, elle l'a guidée, et la grave écriture de la sainte infirme a tracé le nom de Bernarde Conbour. J'ai baisé pieusement ces deux signatures.

La réponse de ma mère ne s'est pas fait attendre.

« Nous partons demain! »

Comme ma mère et ma sœur allaient quitter la gare de Paris, elles ont aperçu une jeune fille de dix-sept ans, vêtue de noir, accompagnée d'une vieille femme.

Et ma mère et ma sœur ont tendu les mains à Alexie.

Leur commune douleur se reconnaissait.

Une heure plus tard, mademoiselle Bernarde, Alexie, Elisabeth et ma mère causaient dans la chambre de l'aveugle. Avec quelle affection déjà maternelle ma mère considérait celle que j'ai choisie et dont le portrait lui paraissait plus ressemblant à mesure qu'elle découvrait les qualités de la douce enfant. Ma mère s'est ensuite munie d'une autorisation de venir me voir; et, par une délicatesse adorable, elle a fait écrire sur le laisser-passer: MADAME CASEAUX *et ses deux filles*... Voilà pourquoi j'ai vu Alexie!

Ah! les étreintes de ma mère, les caresses de ma sœur, les regards voilés de celle qui devait être ma femme ont remué mon cœur dans ses sentiments les plus intimes. Je ne croyais pas les aimer autant toutes trois!

Elles reviendront presque chaque jour. Si je dois les quitter, s'il faut... ah! du moins pendant les dernières heures, je ne me séparerai pas d'elles!

Parfois la réalité disparaît; leur présence m'apporte de telles illusions que l'idée d'un immense malheur ne saurait trouver place dans mon esprit.

Toutes trois paraissent heureuses, sereines; peut-être masquent-elles seulement leurs terribles angoisses... Nos causeries nous reportent en province, dans la maison tranquille où je suis né, où nous retournerons si la lumière se fait au sein de ces ténèbres. Paris m'épouvante maintenant. Il me semble que je ne saurais plus l'habiter.

Je me réveillerais chaque nuit en sursaut en appelant au secours. J'entendrais chaque nuit forcer ma porte; je verrais toujours une main levée sur moi; je sentirais l'odeur du sang, cette odeur fétide et nauséabonde qui me suffoquait dans le grenier de Bruno...

Oh! oui, je quitterais Paris le lendemain même du jour où la liberté me serait rendue... Le lendemain? Non pas! le jour même... Pourrais-je mettre assez de distance entre cet enfer et moi?

XXXI

CE QU'ON AIME DANS PARIS.

Qu'aime-t-on dans Paris?

L'air y est irrespirable; le nombre, la hauteur des maisons masquent le ciel, interceptent l'air. On peut y nier la campagne, y vivre sans savoir la signification de ce mot: la nature.

Les arbres rabougris, poussiéreux, emprisonnés du tronc, de la racine, sur les boulevards, donnent-ils une idée de la végétation et de ses merveilles? Les promenades mêmes ne manquent-elles point de ce magnifique désordre, de cette grandeur sauvage de l'imprévu qui vous saisit dans les forêts et vous les fait tant aimer? La poésie habite-t-elle dans le bois de Boulogne, et les Grecs auraient-ils caché les dryades sous l'écorce des chênes s'ils n'eussent trouvé dans les antiques forêts des géants végétaux répondant à la grâce de leurs fables, à l'originalité de leurs théories? La nature factice cesse d'être la nature ; on la réduit à l'état de jouet.

A moins d'être soi-même dévoré de la fièvre particulière épidémique dans cette capitale, à moins de se sentir empressé de gagner de l'argent, d'escalader une situation, de jouir de plaisirs pimentés, de dévorer les heures, l'espace, l'or, Paris fatigue. Le bouillonnement perpétuel de cette cuve en fermentation, le coudoiement de milliers d'hommes inconnus, les affiches énormes, les magasins tentateurs, les boutiques de change étalant derrière leurs carreaux des valeurs de toutes natures, la vie de kief et de caravansérail des cafés, le roulement des voitures, les théâtres, les concerts multipliés sur la ligne immense des boulevards, le luxe frôlant la misère, les figures hâves vous regardant avec menace, les pick-pokets en gants jaunes, les grecs modernes méditant une partie de baccarat, tout cela fourmille, éblouit et donne le vertige.

Les églises de Paris sont belles ; la plupart le sont trop. Leur luxe ne procure pas le recueillement. Hors la Basilique, Saint-Étienne-du-Mont, Saint-Séverin, Saint-Germain-l'Auxerrois, qui gardent les traces mystiques de l'époque où elles germèrent du sol chrétien de Paris, nous avons bien des temples grecs et des églises barbares. Celles que l'on élève maintenant n'ont ni la clarté merveilleuse de la cathédrale de Metz que l'on dirait construite en vitraux, ni les ténèbres mystérieuses de Strasbourg! Un élément fait défaut à tous ceux qui construisent: — la foi. — Au moyen âge, avec la foi et la naïveté on élevait le dôme de Cologne, on bâtissait l'église de Bourges, on découpait le chœur d'Amiens, on élevait des flèches fleuronnées.

Paris garde, il est vrai, sa vie intellectuelle.

Il a ses Musées, entassement de merveilles, progression de tout ce que trouva le génie de l'homme, succession de chefs-d'œuvre réunis avec soin, classés et rangés de telle sorte que l'imagination embrasse chaque siècle, en constate les progrès, en suit les perfectionnements, et traverse ainsi l'histoire de l'art sur toutes les parties du globe, sans qu'il soit nécessaire de quitter le Louvre, merveille royale abritant des merveilles.

Paris a ses bibliothèques, mines dans lesquelles on puise à chaque heure l'érudition. Magnifique et immense entassement de livres, de manuscrits; généalogie des esprits puissants, des novateurs, des précurseurs de l'idée; réunion sans égale des œuvres laissées en héritage aux siècles à venir par ceux qui marchaient en avant de leur époque; trésors polyglottes dans lesquels chacun peut puiser; égalité devant l'étude, égalité devant le livre, ce pain de l'intelligence. Paris seul donne à tous cette nourriture de l'esprit capable de satisfaire les curiosités, d'alimenter le désir d'apprendre, de résoudre les difficultés, de répondre par des citations et des faits à des théories spéculatives.

Oui, ce Paris intelligent est noble, grand, incomparable.

Mais il existe un autre Paris, un dessous de Paris, si l'on veut; le Paris des bouges, des garnis, des antres de voleurs, des carrières, des fours à plâtre, des quartiers maudits; ce Paris de l'argot, du crime, de l'impiété, du vice pour le vice, du vice pour du pain.

Et un autre Paris encore: celui des pauvres, des honteux, des misérables; des familles en pleurs, des malades oubliés, des ignorants involontaires.

Et la Charité a beau se multiplier, elle a recours en vain à mille artifices pour se glisser partout et ouvrir plus grandes ses mains douces et vénérables, elle n'arrive jamais à apaiser toutes les faims, à réchauffer tous les membres grelottants, à tarir toutes les larmes...

Quelle rage insensée porte donc à se ruer sur Paris?

La campagne y envoie ses paysans, la petite ville ses bourgeois. Il semble que là seulement il soit possible de vivre. Hélas! c'est là seulement, au contraire, que l'atmosphère devient irrespirable pour les poumons et pour l'esprit.

Je le connais assez ce Paris multiple, je l'exècre, je le fuis, je le maudis!

XXXII

PAYSAGE.

La maison a deux étages, un toit de tuiles rouges sur lequel se hérissent quelques touffes gourmandes de joubarbe, des volets peints en brun disparaissant sous des treillis de convolvulus, des enlacements de vigne, des grappes violettes de glycine, des branches ligneuses de chèvrefeuille. Il est impossible d'apercevoir les murs légèrement rosés au travers de cet inextricable réseau au centre duquel des oiseaux ont caché leurs nids et nourrissent leurs couvées. Sous les poutrelles du toit se montrent les petites têtes noires des hirondelles, tandis que des couples de pigeons, les uns blancs les autres chatoyants, roucoulent en inclinant leurs têtes fines sur leurs pattes roses.

Deux bancs de pierre sont placés de chaque côté de la porte.

Il n'est pas rare d'y voir le vieil aveugle, lassé de sa course, partager son pain avec le chien qui le guide.

Le porte-balle y dépose sa charge.

La mère s'y assied avec ses petits enfants. Le voyageur s'y repose à midi, et les branches et les feuilles ombragent son front hâlé, tandis que les oiseaux, effarés d'abord, s'apprivoisent jusqu'à chercher à ses pieds les miettes de pain noir.

Une porte étroite, mais hospitalière, donne entrée dans le corridor dallé! A gauche est un salon en boiseries du XVIIIe siècle finement ouvragées, peintes en gris; le meuble de même style est d'une étoffe ramagée admirable; le trumeau est sombre, mais les dessus de porte ont un aspect ravissant.

Quelques tabourets furent brodés par des femmes d'une génération éteinte. Des meubles frêles et charmants gardent encore le vague parfum de bergamote et de portugal qu'elles aiment.

Un petit cabinet octogone, arrangé en bibliothèque, renferme de vieux livres, des bustes et des cartes.

Au fond, se trouve un jardin.

Les ifs taillés autrefois en boule, les tilleuls façonnés, les buis étagés ont poussé au hasard de folles branches et reprennent leur forme réelle; une vasque privée d'eau, une grotte rocaille, une statue frileuse complètent l'ornement artistique du jardin.

Les fenêtres de deux chambres à coucher y donnent.

Les rideaux blancs flottent parfois en dehors; tout indique le soin, la grâce dans cette demeure modeste.

Le soir, quand la chaleur est passée, deux femmes s'y promènent; l'une aux traits fatigués, alanguis, aux cheveux blanchissants sur les tempes; l'autre svelte, légère, couronnée de tresses noires comme la nuit.

Et la plus âgée dit à l'autre:

— Le jour où il reviendra dans cette maison sera le plus beau de ma vie.

— Il y rentrera, répond la jeune fille, il y rentrera t nous amènera Alexie...

Cette maison est celle où j'ai grandi.

Les deux femmes sont ma mère et ma sœur.

Et c'est ainsi qu'elles se promenaient et parlaient avant que mon malheur les eût réveillées de leur rêve.

XXXIII

UNE TOILE D'ARAIGNÉE.

Il existe à l'angle de ma chambre, près de la fenêtre, du côté gauche, une locataire que j'ai appris à tolérer. Je n'en suis point venu à l'affection, mais enfin cette petite créature m'intéresse. Elle est habile, active adroite, fine chasseresse; il faut convenir qu'il existe de la traîtrise dans sa façon d'agir et que la cruauté est l'un de ses vices: mais nul n'est parfait. Telle qu'elle est, elle vaut la peine qu'on la remarque. Elle est, du reste, belle dans son genre. Des pattes minces et fines, des yeux multiples et perçants, un corselet élégant et une miraculeuse habileté.

Pauvre insecte! pauvre fille!

Infortunée Arachné, cruelle araignée!

Il s'agit d'une araignée.

Tapie au fond de sa toile, tout le jour elle guette les mouches bourdonnantes. L'affût ne la fatigue pas. Bercée dans son hamac de fils aériens, elle attend les folles, les ivres, les malheureuses mouches. Celles-ci, surprises à la vue de ce rideau de guipure grise, le regardent, l'admirent, s'en approchent et s'y prennent l'aile.

Alors la suçeuse de sang bondit, et un moment après il y a un cadavre dans la toile légère.

Que l'espèce des araignées est nombreuse.

Araignée, le joueur qui feint de perdre une partie pour vous donner confiance et qui gagne le fond de votre bourse.

Araignée, la mère d'une fille à marier et qui vous enveloppe d'une multiplicité de petits soins, vante les vertus de son enfant à défaut de sa beauté et présente les qualités de son cœur comme compensation d'une dot absente.

Araignée, le poëte prolixe qui vous attire dans une embrasure de croisée pour vous annoncer qu'il met la dernière main à un poëme en vingt-quatre chants qu'il désire vous soumettre.

Araignée, le spéculateur qui invente des verres noircis pour étudier les éclipses, des batistes incombustibles, des maisons en carton-pierre, des savons à détacher, une eau pour dénaturer la couleur des cheveux, une pommade pour réparer les scalps de la main du temps et qui vous demande des capitaux pour l'exploitation des brevets à prendre.

Araignée, la gloire qui vous tend des lacs dorés

à l'abri de lauriers éternels et de palmes verdissantes.

Araignée, toute passion qui vous attire et prome le bonheur.

Ces araignées prennent votre liberté, votre patience, votre argent, vos illusions, vos espérances!

Quelle toile d'araignée que celle dont les réseaux m'enveloppent!

Le premier fil n'était rien.

Il me semblait léger comme un fil de la Vierge.

— Un souffle et il s'envolera! disais-je.

J'ai soufflé; le fil a résisté avec la tenacité des faibles.

La justice a continué à ourdir sa toile; peu à peu elle r. pris de la consistance. Les fils se liaient, s'attachaient, se croisaient, s'enchevêtraient.

L'épée d'Alexandre n'eût pas été de trop.

Et la mouche?

La mouche qui allait à tout vent de fantaisie, de plaisir et de fête, la mouche est prise, et la mouche mourra probablement...

Robert Bruce remit les destinées de sa patrie au présage qu'il tira d'une araignée attachant un fil à une poutre avec une peine infinie.

Si je me faisais un oracle de la mienne!

— Demain, s'il y a une proie dans la toile, je suis perdu.

XXXIV

ASPECT D'UNE COUR D'ASSISES.

Mon affaire est suffisamment instruite.

On me jugera dans dix jours.

Le pauvre Gustave fait des efforts surhumains. Chaque jour il va du tribunal à la prison, de la prison chez les magistrats. Il supplie d'attendre la guérison du marchand joaillier qui donnait du travail à Bruno; il fatigue tout le monde; seul, il ne se lasse pas.

Un auxiliaire l'aide puissamment.

Le rêveur est devenu un homme d'action.

Eusèbe Mayor ne quitte plus Louviers.

On les rencontre partout, questionnant les greffiers, les juges, les registres d'écrou, prenant des renseignements à la préfecture de police. Si l'on pouvait trouver, ils trouveraient.

— Il faut que la justice ait son cours!

Telle est la phrase sacramentelle répondant à leurs questions pleines de sollicitude et d'angoisse.

Mais dans les procès les plus iniques, elle a

servi cette misérable phrase banale.

Si l'on m'expliquait ce que c'est la justice?

La loi, bon! La loi est formulée.

Mais la justice!

Qui m'expliquera l'impartialité!

Je suis accusé.

Accusé de vol et d'assassinat, ces deux inculpations sont assez graves pour qu'on hésite.

Je refuse d'avouer les faits.

Des présomptions s'accumulent; mais enfin, ce sont des présomptions et tous les bénéfices du doute doivent m'être attribués.

Cependant, l'on se contente de trois mois pour connaître de ma cause; trois mois!

Qu'on me rende le système des longues préventions, qu'on me retienne prisonnier, mais qu'on diffère.

Vous affirmez, je nie; que sont trois mois de plus pour vous? Ils sont peut-être le salut pour moi.

On ne m'a pas accordé de sursis.

Autant vaudrait me lire tout de suite une sentence. Les tortures du procès me seraient épargnées.

Il faudra que je voie cette salle effrayante, théâtre des drames les plus sanglants, que je m'assoie sur un banc d'infamie, que je supporte les regards avides de la foule...

Pourquoi interdit-on en France les combats de taureaux, si l'on permet d'aller voir couper le cou à un homme?

Notre législation renferme des inconséquences. Quoi qu'on dise, nous sommes féroces. La vue d'un supplice nous paraît une recherche de grand goût. Les souffrances d'autrui nous aident à savourer notre bonheur. N'est-ce pas horrible, pourtant?

Il y aura là au premier rang, éclatantes de parures, distribuant à tous des sourires, des jeunes femmes accourues pour m'entendre condamner et pour épier sur ma physionomie les impressions mortelles qui passeront par mon cœur. Leurs yeux ne me quitteront pas! Leurs griffes morales m'ouvriront la poitrine pour savoir s'il bat de crainte.

Des femmes!

Passe encore de rencontrer des hommes dans ces lieux désolés, au fond de ces gouffres où reste si souvent l'espérance ; mais elles! Ces créatures qui devraient n'être que douceur et mansuétude... Et le soir, peut-être, au théâtre, dans un entr'acte, elles diront à leur meilleure amie:

— Décidément, les dramaturges baissent, ma chère! et en fait de théâtre, je ne veux plus que la cour d'assises... on y voit couler de vraies larmes, au moins!

Que deux hommes se battent, se hachent, se

tuent, un cercle se formera autour d'eux, à peine tentera-t-on de les séparer.

Oui, nous sommes cruels, railleurs et mauvais!

Et que trouveront-ils donc de curieux, ces désœuvrés, à voir un homme de vingt-cinq ans se débattre dans les rets d'une accusation formidable?

Et ma mère, dont ils verront le noble et pâle visage; et ma sœur, qu'offenseront leurs yeux hardis; et Alexie, dont le témoignage sera demandé sans pudeur!

Trois cœurs de femmes dévoilés devant ces vampires, trois désolées traînées à une barre toute rouge de sang, trois anges buvant au calice d'un autre!

XXXV

SOUVENIR DE L'HISTOIRE DE ROBERT BRUCE.

Nicou vient d'entrer. Son front s'assombrit à mesure que je perds quelque chance. Nicolas le suivait, portant avec peine un gros livre d'images envoyé par Marianne.

J'ai pris Nicolas sur mes genoux.

Tout à coup Nicou, dont les yeux semblaient chercher une idée au plafond, a saisi ma canne dans l'angle de la chambre et s'est mis à frapper sur la muraille comme un enragé.

—Qu'avez-vous donc, père Nicou? ai-je demandé.

— J'ai que le service se fait mal... Pauluche, le détenu qui doit cirer votre chambre et s'occuper de vous, peut demander des balais, on ne lui en refusera pas... Est-ce qu'elle est frottée et astiquée cette chambre?... Des vermines, il en pleut, et d'aucuns disent qu'elles ont du venin... Maudite bête, va !... Mais je la tuerai... Pauluche ne perd rien pour attendre.

— Comment! vous tuerez Pauluche?

— Non pas Pauluche... l'autre! Enfin! la voilà!... fit Nicou en assénant un dernier coup sur la muraille, coup si retentissant que le volume échappa des petites mains de Nicolas et que la canne se cassa en deux morceaux.

— Ah! dis-je, vous sondez rudement les murs, Nicou; soyez tranquille, je ne cherche pas à m'évader.

— C'est que, voyez-vous, je n'estime pas les araignées.

— Comment les araignées!

— Oui, et j'ai tué celle...

— Vous avez tué mon araignée!

— Ah! mon Dieu! Monsieur, est-ce que vous l'aimiez? m'a demandé le brave homme.

Je n'ai pu m'empêcher de sourire.

— Vous me rendez grand service, au contraire... Figurez-vous, Nicou, que je m'étais dit: Si demain l'araignée prend une mouche, je suis perdu.

— En tuant l'araignée...

— Vous me sauvez peut-être la vie!... Non, mais si faible que soit un présage, une lueur, quand on souffre et qu'on attend, ont s'y prend avec force nouvelle. Enfantillage! c'est vrai; mais l'homme est si longtemps enfant!

— Ah? vous pouvez vous vanter de m'avoir causé une fière peur.

— Moi?

— En vous entendant pousser un cri, j'ai cru que vous regrettiez la petite bête... Il m'est alors revenu à la mémoire qu'un prisonnier en avait privé une et qu'il l'aimait bien... Vous comprenez que je ne demande pas mieux que de voir mes pensionnaires moins tristes... J'en ai qui élèvent des souris; le grand faussaire qui passera aux prochaines assises est le meilleur ami d'un pierrot qui le réveille tous les matins en frappant de son bec aux vitres de la cellule. Faut des distractions, quand même...

— Bon Nicou, vous les multipliez autour de moi.

— Vous n'êtes pas comme les autres non plus.

— Cela ne m'empêchera pas d'être condamné.

— Peut-être bien, et ce sera pourtant un crime.

— Quand on a une mère, une sœur, une fiancée...

— Et puis si on apprend la vérité trop tard...

— La Providence est grande !

— Vous jouez tout de même de malheur, Monsieur.

— Plus que personne.

— Il faudrait tant seulement la déposition du joaillier.

— Une lettre de mon parrain aurait suffi.

— Quelquefois les jurés sont de bonnes gens.

— Ils ne connaissent pas assez les hommes; ils auraient besoin d'être guichetiers, Nicou.

— Et ! Monsieur, notre avis est souvent juste; et maintes fois, quand on me faisait l'honneur de m'interroger, j'ai donné des idées qui en valaient bien d'autres... nous ne voyons pas seulement l'accusé, nous voyons l'homme...

— Vous a-t-on questionné sur moi ?

— Oui, par-ci, par-là; j'ai dit ce que je pensais... on m'a permis de vous traiter en toute douceur, et j'ai fait ce que je pouvais... bien peu de chose.

— Peu de chose ! Et la tourterelle de Marianne, et Nicolas que vous me laissez ? Et puis, il n'est point de petite chose pour un prisonnier, Nicou.

— Ne parlons pas de cela; Monsieur... tout ira peut-être mieux qu'on ne croit... Si j'était limier, je sais bien qui je chasserais... Enfin !... bonsoir, Monsieur Alype ; l'araignée est morte, c'est toujours de bon augure.

Et Nicou m'a quitté.

Si j'étais superstitieux.

XXXVI

PARABOLE.

Une des plus magnifiques paraboles du Sauveur, est celle-ci ?

« Ne jugez point, afin que vous ne soyez point jugés.

« Car vous serez jugés selon que vous aurez jugé, et l'on se servira pour vous de la mesure dont vous vous serez servis.

« Pourquoi voyez-vous une paille dans l'œil de votre frère, et ne voyez-vous pas une poutre dans votre œil ?

« Et comment dites-vous à votre frère:

— Laissez-moi ôter une paille de votre œil, — tandis qu'une poutre est dans le vôtre ?

« Hypocrite, ôtez premièrement la poutre de

votre œil, et alors vous chercherez à ôter la paille de l'œil de votre frère. »

(*Évangile* selon SAINT MATHIEU.)

XXXVII

LES FÊTES DE L'HIVER.

Depuis que je suis enfermé dans ces murs, l'hiver a sévi dans toute sa rigueur; l'hiver âpre et dur, l'hiver calomnié pourtant; repos de la terre fatiguée de sa fécondité, promesse de l'avenir.

Les semences souffrent le lent travail de la germination, la sève monte lentement, prête à éclater en bourgeons, en feuilles, en fleurs. L'hiver a sa poésie, et j'aimais l'hiver. Les souvenirs, les traditions, les usages exercent sur mon esprit une vive influence, et l'hiver ramène plus de fêtes poétiques que les grands jours d'été.

En hiver, les couronnes d'immortelles sont déposées sur les tombes des amis perdus.

En hiver, l'on place dans l'âtre la bûche de Noël, signe de réjouissance populaire; le houx tapisse dans le Nord les murailles rajeunies; l'arbre merveilleux se pare de bougies, s'enrichit de cadeaux; Noël est la fête par excellence des enfants, et je me souviens de la curiosité inquiète et joyeuse avec laquelle j'attendais ce grand jour.

Que de préparatifs, que de surprises ! Les beaux cantiques chantés en chœur, les belles crèches élevées dans la chambre aux mystères et aux cachotteries prévenantes !

Je ne me lassais pas de regarder la chaumière au toit de paille, saint Joseph vêtu d'une robe de moine brune, la Vierge Marie habillée de bleu et drapée dans un voile, l'enfant divin enveloppé de langes de satin et endormi sur une javelle d'épis d'or.

De temps en temps, interrompant nos cantiques, ma mère nous parlait lentement et doucement, afin de mieux faire entrer dans notre esprit les détails du mystère de cette nuit bénie. Elle nous peignait la grotte abandonnée, le bœuf, l'âne; elle nous montrait la jeune voyageuse fatiguée, le saint vieillard attentif; nous croyions entendre résonner un *Gloria* angélique du plus haut des cieux... Ensuite, au pied de la tour d'Eder, observatoire primitif des pasteurs astronomes, les bergers sortaient de leur sommeil à la voix des messagers célestes, se levaient, prenaient en toute hâte des présents agrestes comme eux, et se dirigeaient vers le toit lumineux de Bethléem.

Plus tard, on ajoutait à la crèche les splendeurs d'une caravane d'Orient; les trois mages Balthasar,

Melchior et Gaspar, suivis du chien Mélampo, dont la légende a conservé le nom, s'avançaient vers le Roi du monde en ce moment bercé sur le sein virginal de la fille de Juda.

Oublierais-je les récits dramatiques du massacre *des enfants de lait*, comme disent les chroniques, ce massacre ordonné par Hérode et dont la première victime fut son propre fils changé pour celui d'une nourrice? Puis les cierges de la Chandeleur qui mettent l'église en joie, et les pompes austères et magnifiques de la Semaine-Sainte? Combien ces souvenirs nous tiennent au cœur! Leur cachet s'est imprimé en nous pendant l'enfance et jamais il ne s'efface. Dans un grand naufrage, dans le sinistre épouvantable d'une ville entière, sous le linceul des eaux, des tables de bronze couvertes d'inscriptions sacrées peuvent bien s'engloutir et disparaître; mais le flot qui les avait emportées les rapporte au bout de longues années, de plusieurs siècles peut-être, et les caractères vivent toujours, et la pensée garde sa force et sa vérité.

Que de jours, que de mois se sont écoulés depuis les hivers dont je parle! Le mouvement, le tumulte de Paris, le bruit que je faisais autour de moi et en moi étouffaient ces souvenirs; le silence me les ramène, et je bénis leur visite inattendue.

Un rafraîchissement ineffable se cache dans ces

réminiscences. Heureux qui peut verser des larmes en se disant : — J'étais pur, j'étais bon, j'étais pieux alors !

L'hiver est fini. Pâques allume son cierge pascal, les aubépines fleurissent et la nature s'épanouit ; ma sœur m'apporte chaque matin de fraîches et odorantes violettes. C'est le printemps, le joyeux printemps.

Ce printemps qui me trouvait inspiré autrefois, qui me rendait une sève nouvelle ; ce printemps que ma sœur chantait si bien.

Où avait-elle appris cette chanson? Je l'ignore. Jamais elle-même ne l'a su ; mais elle improvisait un accompagnement léger et gracieux à des strophes ailées, et le son de sa voix vibrait au plus profond de mon cœur.

L'ANGE DU PRINTEMPS

Messager de bonne nouvelle,
Sur terre je viens tous les ans
Rajeunir du bout de mon aile
Le ciel, la montagne et les champs.
J'arrive suivi d'un cortége
De papillons, de mouches d'or,
Et je réveille sous la neige
Les beaux jours qui dormaient encor.

Mon char est rempli de merveilles
Que je répands à pleines mains;
Il est traîné par des abeilles
Dont je recrute les essaims.
Un orchestre ailé m'accompagne
Mes nombreux escadrons d'oiseaux
En avril peuplent la campagne
Où j'ai suspendu leurs berceaux.

Le pommier couvert de fleurs blanches
Rit avec le rose pêcher;
L'azur timide des pervenches
Sous le buis aime à se cacher.
Le rosier conte des histoires
Au lilas qui vient de s'ouvrir,
Et le houx cause des peurs noires
Au troène qui va fleurir.

Déjà le blé verdit la plaine
Et promet le grain au semeur;
La brise avec sa tiède haleine
Inspire des vers au rimeur.
Tout s'embellit, même les tombes!
Tout vibre et tressaille à la fois,
Et les beaux couples de colombes
Se posent gaîment sur les toits.

Oui, le printemps réjouit l'âme.
Comme à la terre, il faut au cœur

Le jour, la rosée et la flamme
Tombant de la main du Sauveur.
L'hiver, c'est le froid, la souffrance;
Le printemps, c'est un songe d'or,
C'est le bonheur, c'est l'espérance;
C'est l'amour, qui vaut mieux encor.

J'amène un cortége de fêtes
Chères à tous les cœurs chrétiens;
J'apporte des grâces secrètes,
De la part des anges gardiens.
Pour le jour de Pâques fleurie
Voici des rameaux, un ciel bleu,
Des lis pour le mois de Marie,
Des roses pour la fête-Dieu.

Lorsque l'aquilon vous assiége,
Accourt l'Ange blond de Noël;
Roi de la crèche qu'il protége
Il cache les trésors du ciel.
Il part... Je descends; — les années
Se suivent ainsi que nos jours,
Et les dernières sont sonnées
Au grand cadran qui dit : — Toujours!

XXXVIII

LES VOLEURS DE PIERRERIES.

Si quelque chose pouvait encoré aggraver ma situation, et de mauvaise la rendre déplorable, ce sont les faits qui se produisent.

L'opinion publique s'émeut vivement de vols nombreux commis depuis plusieurs mois chez des joailliers et des lapidaires.

Je ne suis plus seulement un voleur et un assassin aux yeux de beaucoup de gens, mais un dangereux chef de bande.

On s'attend à des révélations.

Quelques-uns affirment que je sauverais ma tête en dénonçant mes complices.

On s'entête à voir dans la dévalisation des marchands de diamants une ramification immense dont je connais les rouages.

On fouille Paris, on envoie des télégrammes partout.

Quiconque vendra désormais un brillant deviendra suspect.

La triste ressource de les déposer au mont-de-piété disparait dans la crainte de la suspicion.

On vient de me faire subir un nouvel interrogatoire.

Des promesses me sont réitérées; cette phrase sacramentelle est dite:

— La justice aura égard à vos aveux!

Pourquoi ne croit-elle point à mes dénégations plutôt?

Dieu qui a créé l'homme si beau dans la proportion de ses membres, dans l'équilibre de ses forces, si puissant dans l'usage de ses facultés, qu'il peut développer et perfectionner chaque jour, lui a refusé de rendre l'innocence manifeste sur son visage.

La phrénologie, mensonge! vous dit-on; la chiromancie, rêve divinatoire! la physiologie, étude féconde en erreurs! le magnétisme, agent dangereux! le spiritisme, folie de cerveaux malades, contagion cérébrale menant au suicide.

Et pourtant si Gall vivait, si Lavater était là, si je pouvais voir Desbarolles, je leur dirais : Regardez mon visage, palpez mon crâne, étudiez ma main, et dites si je suis capable d'assassiner et de voler.

La justice admet la science à ses conseils, s'il s'agit d'autopsie d'entrailles et de viscères; l'autopsie morale, elle la nie et la repousse.

Cherche-t-on à s'appuyer sur des antécédents

honorables, elle nous jette à la tête la vertueuse jeunesse de Néron.

Les faits, des faits, rien que des faits!

N'est-ce donc point un fait qu'une honnêteté passée servant de base à toute une vie?

Si les circonstances, la solitude, les rapprochements m'ont amené à me trouver moins pur que je ne l'espérais devant ma conscience, le tribunal des hommes ne s'inquiète pas de ces fautes, pour lesquelles je relève du tribunal de Dieu.

L'abbé Jérémie me supplie de ne point me laisser abattre.

Gustave Louviers ne vit plus depuis le vol des marchands de diamants. De même que la justice, il trouve une filiation dans ce qui arrive, et cette complication le porte à souhaiter plus que jamais ue l'on diffère de prononcer sur mon sort.

Moi, je subis une crise d'atonie absolue.

Je jouis en avare des heures pendant lesquelles je puis voir ma mère et ses deux filles.

Nous nous efforçons alors d'oublier que la séparation est possible en ce monde, et c'est moi qui suis le plus gai des quatre. J'affirme que le *fiat lux* sera dit, et si elles ne partent pas convaincues, elles s'en vont du moins plus confiantes.

Comme le temps marche cependant!

Je compte les jours.

Bientôt je supputerai le nombre des heures...

XXXIX

ON LIT DANS LE JOURNAL DE ***.

On vient de m'apporter un journal contenant l'article suivant :

« Une attaque à main armée, consommée avec une audace inouïe, a répandu la consternation dans la paisible ville d'Amsterdam. Un riche joaillier français, M. Brunel, venu en Hollande pour y traiter de l'achat d'un collier et autres bijoux, descendit chez un de ses confrères et amis, M. Van Hottinden, connu honorablement dans cette ville.

« Deux jours après son arrivée, M. Brunel tombait gravement malade.

« Fièvre, délire, complications effrayantes, pendant trois mois il fut dans une situation des plus dangereuses. Le fait se trouvait d'autant plus regrettable, que sa présence était nécessaire à Paris, non pas seulement pour ses intérêts personnels, mais à cause d'un vol considérable sur lequel sa déposition jetterait nécessairement une grande lumière.

« Jusqu'à hier le médecin avait interdit, sous

peine d'une rechute qui pouvait être mortelle, de troubler en rien l'esprit du malade. On espérait d'ailleurs qu'il arriverait à temps pour le procès.

« C'est en présence du médecin que M. Van Hottinden a montré à son hôte les notes, les journaux, les dépêches arrivés pour lui de Paris. Le négociant est devenu d'une pâleur livide en les parcourant.

« — Mon brave Bruno assassiné! a-t-il dit, c'est horrible! Et ce jeune homme, cet accusé qui se défend avec une énergie désespérée... Van Hottinden, je pars ce soir... il s'agit d'une existence, d'une réputation... pourquoi avez-vous attendu si tard?

« — Afin que vous puissiez accomplir cette mission.»

« — J'ai donc été bien mal?

« — A la mort, vingt fois.

« — Pauvre ami, que de peine je vous ai causée!.. Ce soir, vous entendez, ce soir je veux partir.

« — Il n'y a pas de train avant demain matin cinq heures.

« — Attendre! mais à présent que je connais cette lamentable histoire, je ne vais plus vivre... Demain! Enfin, vous me l'affirmez, sur l'honneur...

« — Sur l'honneur.»

« — Bien, je prépare mes malles, nous soupons, je me jette sur un lit, au point du jour je vous dis adieu.

« — Faites, j'irai prochainement vous rendre votre visite à Paris.

« — Brunel boucla sa malle ; mit ses diamants dans une ceinture qu'il devait placer sur lui le lendemain; et, ces préparatifs terminés, il revint souper avec Van Hottinden et le docteur Holtius, que l'on garda.»

« A dix heures les deux amis se quittèrent.»

« —Van Hottinden entra dans son cabinet pour terminer quelques écritures, Brunel gagna sa chambre.

« —La maison de Van Hottinden a trois étages.

« En bas, sur la rue, sont les magasins et les grands bureaux. La salle à manger, la cuisine, l'office, le fruitier, donnent sur la cour. Au premier étage est un salon ayant quatre portes. L'une s'ouvre sur la chambre de M. Van Hottinden; l'autre sur un cabinet de travail qui y communique ; la troisième à son entrée dans une chambre d'amis, occupée alors par Brunel ; la quatrième, meublée d'armoires de fer contenant des valeurs, de montres et de crédences vitrées, chargées et remplies de vaisselles, de pierres brutes, de bijoux, n'est jamais habitée. Le soir on y monte les objets précieux. Un jeune garçon de seize ans, commis à la garde des bureaux, couchait dans un cabinet du rez-de-chaussée.

« Après avoir fini son travail du soir, Van Hottinden se mit au lit et éteignit sa bougie. Il avait eu le soin de monter sa montre et put constater plus tard à quelle heure l'attentat a été commis.

« Au milieu de la nuit, un cri étouffé l'éveille.

« Il prête l'oreille...

« Ce cri a été poussé dans la chambre de Brunel.

« Il pense que son ami souffre... l'émotion éprouvée... une maladie à peine guérie... Il cherche en tâtonnant sur sa table un bougeoir et des allumettes, puis les ayant trouvées et prenant une lumière, il sort de sa chambre et traverse le salon...

« Les cris se changent en râle...

« Soudain la porte de Brunel s'ouvre... Trois hommes en sortent et se précipitent sur Van Hottinden; le bougeoir est renversé et s'éteint; le marchand de diamants lutte avec une énergie désespérée, ses forces le trahissent, il va succomber sous le nombre, quand il se souvient que la fenêtre d'un cabinet de toilette est resté ouverte. Les ténèbres peuvent favoriser sa fuite; les voleurs ne semblent pas bien au courant des êtres... Van Hottinden rassemble ses efforts, mais une main vigoureuse l'étreint à la gorge, une pointe aiguë lui entre dans la poitrine, il tombe en appelant au secours...

« Les bandits, chargés d'or et de pierreries, vont reprendre la lanterne laissée dans la chambre de

Brunel; ils quittent le théâtre sanglant de leurs crimes, et la fuite leur semble aussi facile qu'assurée, quand brusquement leur sautent à la gorge deux chiens déchaînés par Hubert, le jeune gardien du rez-de-chaussée qui, entendant du bruit, a commencé par se fier à l'instinct des bêtes intelligentes, et a éveillé ensuite les deux domestiques de son patron.

« Les voleurs, déchirés de morsures, demandent grâce.

« On accourt, on les garotte; à peine sont-ils mis hors d'état de nuire que Hubert court prévenir la justice et chercher le docteur Holtius.

« On trouve Brunel à demi mort et Van Hottinden évanoui. L'un des voleurs portait la ceinture du négociant français, l'autre avait rempli ses poches de bijoux et de pierreries.

« Les deux misérables ont été mis immédiatement entre les mains de la justice.

« Ils ne pouvaient essayer de nier.

« Seulement, lorsqu'on a procédé à leur interrogatoire, ils ont refusé de révéler leurs noms et de fournir aucun détail sur leur vie passée.

« La publicité la plus grande sera donnée à cette affaire.

« Il y a tout lieu de croire que ces hardis scélérats sont les mêmes qui ont dévalisé dernièrement MM. Cardanet et Gornic.

« L'un paraît âgé de cinquante à soixante ans.

« Il est petit, trapu et borgne; ses cheveux ras sont coupés en brosse; ses mains atteignent une dimension formidable. L'audace, la cruauté, le cynisme respirent dans toute sa personne.

« L'autre a peut-être trente ans. Grêle d'apparence, fin et adroit, il est plus vicieux que son complice.

« Si l'on pouvait dire que l'affection existe entre misérables de cette espèce, on croirait qu'ils éprouvent l'un pour l'autre je ne sais quelle sollicitude manifestée par le soin avec lequel ils évitent de se charger mutuellement.

« Leurs photographies sont expédiées partout.

« L'état de M. Brunel inspire les craintes les plus vives; néanmoins le docteur Holtius répond de sa vie.

« La grande inquiétude de M. Brunel est de ne pouvoir quitter tout de suite Amsterdam, où la fatalité paraît le retenir.

« Espérons que la complication présente servira à l'éclaircissement de tant de faits ténébreux. »

Je voudrais conclure comme le journaliste.

Je ne le puis pas.

Ma cause est maudite.

Dieu ne veut point que je sois sauvé.

Il a fallu, pour qu'une accusation de ce genre

tombât sur moi, tant de faits, de détails, de charges, qu'en me plaçant à un certain point de vue, je finis par trouver cet enchaînement logique.

J'avoue à mon parrain que j'aime une jeune fille pauvre, que je souhaite l'épouser... Il vient à mon secours en me donnant, non des billets de banque ou de l'or, mais la seule chose capable de me nuire: des diamants, des diamants bruts!

Je pars, ivre de joie, avant d'avoir le temps de déboucler ma malle, de changer de linge, de ranger la moindre chose; un appel désolé m'arrive... Eusèbe, malade, demande à me voir... Je cours chez lui... la chambre est vide... L'hospice l'a pris, comme il a pris Gilbert et Moreau.

Je veux redescendre, une plainte se fait entendre... J'entre... je glisse dans le sang... j'entrevois à peine un homme fuyant par les toits.. On accourt, on relève la victime, et c'est moi que l'on arrête...

La fatalité a voulu que l'assassiné fût un lapidaire et que mes diamants n'eussent pas quitté ma poche.

Un homme me sauvera : Franzon! je donne son nom, on s'informe... Il vient de partir... On écrit à sa destination; il est mort et son navire est perdu.

Une dernière espérance me reste: Brunel, le joaillier qui emploie Bruno.

On le mande au parquet.

Brunel est à Amsterdam ; la fièvre le saisit, et quand la raison lui revient, il reçoit un coup de poignard en pleine poitrine...

Je vais relire les procès de Calas, de Lesurques, d'Audigane; j'y puiserai peut-être une force nouvelle.

L'un subit la roue, l'autre les galères, le dernier monta sur l'échafaud !

Du reste, depuis que j'ai cessé de me croire aussi complétement innocent que je le croyais d'abord, un calme dont je ne me rends pas bien compte s'est emparé de mon esprit.

J'expierai quelque chose.

Non pas ce que croit voir la justice des hommes, mais ce que j'ai vu, moi, dans ma solitude, en regardant au dedans de mon âme, en promenant la lumière de la vérité dans tous les coins de l'habitation intime de ma pensée, en feuilletant sans en passer une ligne, un mot, une syllabe, le journal de mon existence...

C'est une triste science que de se connaître soi-même.

Si l'on affirme que l'on est son plus sot maître, avouons aussi que nous sommes notre plus dangereux ami !

Comment traiterions-nous celui qui agirait à notre égard comme nous faisons tous les jours?

Mon *moi* commence à me sembler une bien mauvaise compagnie!

— Il n'est si bonne compagnie qui ne se quitte, disait un roi facétieux; je ne perdrai pas à changer la mienne.

Si j'avais le temps de l'améliorer!

Les assises ouvrent dans huit jours...

XL

> Que de gens meurent avant d'avoir fait le tour d'eux-mêmes!
>
> SAINTE-BEUVE.

Dumont d'Urville a écrit un *Voyage autour du monde;* Xavier de Maistre, le *Voyage autour de ma chambre*; Cyrano de Bergerac, un *Voyage dans la lune.* Il existe encore un *Voyage dans un fauteuil,* un *Voyage au pays de Lilliput,* un *Voyage dans une église* (1) etc. etc. Je suis allé moins loin : je me montre moins hardi, moins ambitieux, moins savant, moins fantaisiste, moins humoriste, moins spirituel, moins religieux, serai-je moins

(1) *Voyage dans une église,* par RAOUL DE NAVERY.

philosophe pour cela? Je n'ai voyagé qu'autour de moi-même, et combien de choses j'ai apprises!

Quiconque souhaite acquérir l'humilité devrait procéder ainsi. Mais... n'ai-je point cru inventer en faisant cette incursion intime?

Oui, vraiment!

Une minute je me suis dit que je venais de faire une découverte utile à l'esprit humain.

Il y a si longtemps que j'ai oublié cet humble et petit volume appelé catéchisme!

C'est un livre imprimé le plus souvent sur un gros papier, avec des caractères énormes, car il est destiné à des enfants. On le relie en carton mou, en mince basane; il doit se vendre si bon marché! C'est le volume de tous, écrit par de grands esprits et mis à la portée des petits. Simple de style, concis, clair, il contient les éléments de la foi, les principes de l'espérance, l'essence de la charité.

Il traite les questions sublimes de la théologie et descend à la pratique des œuvres de miséricorde.

Il révèle l'essence, l'efficacité des sacrements, et il enseigne à tracer le signe de la croix.

Celui qui le sait en entier connaît tout ce qu'il faut croire, attendre et aimer.

Avec ce formulaire naïf, le pauvre peut arriver à la perfection aussi bien que l'homme qui connaît les œuvres des Pères, les traités de Gerson, de Richard, de Saint-Victor et de tous les maîtres de la vie spirituel.

Eh bien, dans mon catéchisme il y avait ce mot : *examen de conscience.*

Qu'ai-je fait autre chose? J'ai cherché au dedans de moi, j'ai étudié, j'ai vu, je sais maintenant.

Je sais que je ne suis rien, et que j'ai fait le mal souvent, plus souvent que je ne le croyais...

Ce voyage autour et en dedans de moi-même me laisse confus, repentant et soumis.

Il n'y aura plus de révolte en moi.

Si chacun m'imitait, combien de fronts orgueilleusement levés se baisseraient!...

XLI

L'EXTRADITION.

L'ordre d'extradition est donné.

Les photographies sont arrivées.

Gustave est le premier qui les ait vues après le procureur impérial.

Immédiatement elles ont été adressées dans les bagnes et les maisons d'arrêt, afin de savoir si quelqu'un reconnaissait les assassins de Brunel et de Van Hottinden.

Ce qui paralyse la justice, c'est l'ignorance où elle demeure du nom des coupables.

L'on nous a pris en flagrant délit, disent-ils, qu'on nous juge... nous savons bien ce qui nous attend.

Les espions placés près d'eux, les guichetiers n'ont rien appris.

Ces deux hommes demeurent impénétrables.

Quand on leur répète que cette conduite incrimine leurs antécédents, ils hochent la tête sans répondre.

Le plus âgé a déclaré ne pas savoir écrire, le plus jeune a refusé de signer le procès-verbal.

Gustave passe chez mademoiselle Bernarde presque tout le temps dont il dispose. Ma mère et ma sœur se sont prises pour lui d'une affection facile à comprendre. En voyant ses efforts pour découvrir la vérité, la patience de ses investigations, la chaleur d'éloquence déployées dès qu'il s'agit d'une cause réputée mauvaise, comment pourraient-elles ne pas aimer cet honnête garçon?

Gustave est le fils de ses œuvres.

Né pauvre, il a voulu parvenir et il est arrivé. On cite son nom avec éloge, son intégrité est connue; si quelque chose pouvait impressionner les esprits prévenus, ce serait de voir ma défense prise par cet avocat intègre.

Mais afin de ne pas me croire innocent, on s'empresse d'ajouter:

— Ils étaient liés depuis l'enfance

Plus d'une fois j'ai regretté de n'avoir pas de frère.

J'en avais adopté deux: Eusèbe Mayor, le poëte, l'inspiré, l'improvisateur charmant, et Gustave Louviers, l'homme pratique, austère et probe, le légiste instruit, l'avocat habile. L'un m'entraînait à sa suite dans les chemins fleuris ou escarpés ; l'autre me laissait suivre la route droite, unie ; nos entretiens restaient le plus souvent graves.

Eusèbe était mon esprit, Gustave ma raison.

Nobles et chers amis! aucun d'eux ne m'oublie dans ma mauvaise fortune.

Ma chère Élisabeth me questionna hier beaucoup sur Gustave. Elle souriait et rougissait en me parlant de lui.

Pauvre enfant! de quel poids mon malheur retombera sur elle!

Elisabeth possédait une dot modeste, mais ses goûts sont simples; un honnête homme l'aurait aimée, épousée; elle n'eût point quitté la maison à volets bruns cachée dans la verdure; tous les mois elle m'eût écrit pour me donner des nouvelles de son ménage, de ses enfants, me raconter ses félicités intimes. Eusèbe aurait composé des contes pour mes neveux.

Des congés de temps en temps m'eussent permis de me retirer dans la famille augmentée, égayée. J'y aurais conduit Alexie; peut-être ces chères créatures m'auraient-elles décidé à quitter tout à fait Paris; nous eussions été heureux, simplement et naïvement heureux. Mon bonheur ne croule pas seul. Celui d'Elisabeth est perdu en même temps. Quand on saura qu'elle est la sœur d'un condamné, quel homme osera demander sa main? S'il en avait le courage, il devrait s'exiler avec elle. L'opinion est féroce, et le monde subit l'opinion.

Il est un être bien misérable au monde! L'assassin de Bruno n'est pas seulement coupable d'avoir volé et tué un pauvre homme; il se montre plus cruel envers moi qu'envers le lapidaire. Ce vieillard n'a éprouvé nulle angoisse. On a frappé un seul coup et d'une main exercé.

Mais moi!

Depuis quatre mois cette instruction marche, se traîne, se déroule sans avoir produit la lumière; elle entraînera inévitablement la mort.

Quelle mort!

Je pouvais être si heureux.

Fortune, tendresse, j'avais tout; et la joie d'être

aimé d'Alexie me rendait la raison, me convertissait, me ramenant dans les sentiers droits où me faisait cheminer ma mère.

Alexie perdue, ma mère au désespoir, Elisabeth sans appui, bientôt, peut-être, orpheline...

Qui m'aurait dit : Un jour, Alexie adoptera ta sœur...

Tout cela est horrible, mon Dieu! c'est un cauchemar, un désespoir, un enfer!

Sauvez-moi, sauvez-nous tous!

La lumière! faites luire la lumière!

XLII

MA SŒUR.

La physionomie de Gustave semblait ce matin promettre des nouvelles.

—Tu sais quelque chose? lui ai-je dit.

— Presque rien.

—Mais encore.

—Ce qui paraît un jalon, un indice ou point de repère à un avocat, te fera peut-être l'effet d'un puéril détail.

—Mais encore...

—D'abord les deux assassins sont arrivés d'Amsterdam.

— Je m'en réjouis sans me l'expliquer; mais enfin je m'en réjouis.

— Ensuite, ces deux complices sont plus que des affiliés, des chefs de bande : le père et le fils.

— Ah! Comment l'a-t-on su?

— Le vieillard s'est coupé dans une déposition.

— Et leurs noms?

— Ici, les ténèbres redoublent : un prisonnier d'Angers affirme que le vieillard est Bisbille, avec qui il se serait trouvé à Melun; un forçat de Toulon l'a rencontré à Paris, dans un bouge; on le connaissait sous le sobriquet de *Casse-Mâchoire*, et il avait la réputation d'un homme aussi hardi qu'habile; enfin, il a subi des condamnations successives sous les noms de Guérin, Routier et Madérum. Il a passé une partie de sa vie hors de France, et l'autre en prison.

— Tu as raison, la parenté de ces deux êtres ne nous servira de rien.

— On ne sait pas! que l'on tienne le fil et l'on dévide l'écheveau.

— Et Brunel?

— Le dernier bulletin est rassurant?

— On l'attend donc?

— Au premier jour, à moins de rechute.

— Et il nous reste?

— Quarante-huit heures?

— Tout est perdu, tu le vois.

— J'admets que l'on te condamne, tu iras en cassation...

— Pourquoi?

— Pour gagner trois semaines.

— Tiens, ai-je dit, je voudrais cet horrible drame fini.

— Et ta mère?

— Tu as raison, je suis égoïste...

— Elisabeth?

— J'y songe sans cesse.

— Tu l'aimes beaucoup?

— Plus que je ne le lui ai prouvé.

— M'estimes-tu?

— Cette question fait injure à mon amitié.

— Cette question demande une affirmation positive.

— Puis-je ne pas t'aimer, après avoir reçu tant de preuves de ton dévouement!

— La reconnaissance n'est pas plus l'amitié que l'estime n'est l'amour.

— Eh bien, oui, je te chéris comme un frère.

— Comme un frère, tu as dit comme un frère, Alype?

— Et c'est à peine assez dire.

— L'amitié vit de preuves.

— Exiges-en.

—Oui, j'en exige une! Une grande, plus grande que je ne le mérite, sans doute; mais dont je tâcherai de me rendre digne...Je t'ai prévenu que mes prétentions sont élevées... Alype, je te demande la main de ta sœur...

—La main d'Elisabeth?

—Ah! je savais bien ne pas la mériter!

—Je ne dis pas cela, Gustave.... mais sa main dans le moment où la pauvre enfant baisse sa tête accablée par le poids de l'infamie dont on veut me flétrir... Non! non! je ne puis y consentir... ton dévouement exagère... ce n'est plus de la tendresse, c'est de l'héroïsme.

—Mais j'aime ta sœur! m'a crié Gustave en m'étreignant les mains.

—Toi!

—De toute mon âme.

—Depuis quand?

—Depuis que je l'ai vue, appréciée.

—Pauvre ami?

—Tu me plains...

—Oui...

—Elle me refusera, a-t-il repris d'une voix altérée après un moment de silence.

—Je le crains.

—Je ne suis pas digne d'elle!

— Ce n'est point pour cette raison qu'elle te refusera.

— Pour laquelle, donc ?

— Celle que je t'ai donnée moi-même.

— Ton malheur ?

— Ma condamnation.

— J'admets cette extrémité... Plus Elisabeth sera isolée, plus elle aura besoin d'appui...

— Ma mère !

— Ah ! tu le disais hier, ta mère mourra de chagrin...

— Dieu ! le consolateur suprême, ne meurt pas.

— Nul ne t'affirme qu'elle possède la vocation religieuse... ce que sont dans notre pauvre société les femmes isolées, il n'y faut point penser. Quoi qu'on ait dit de la liberté, de l'émancipation, les femmes sont esclaves de tout : des lois, des habitudes, des convenances, même des préjugés... Comprends bien toute ma pensée, Alype... je ne puis prétendre à inspirer à Elisabeth le sentiment exclusif qu'elle m'inspire, je la prie seulement de mettre mon bonheur assez haut pour accepter ma protection, protection qui ne saurait être offerte par un homme à une jeune fille qu'avec un titre doublement légal... Je mettrai tous mes soins à la rendre heureuse ; je me dévouerai à elle... Et, à Dieu ne plaise que cela arrive, si tu succombais dans la lutte, j'emploierais ma vie à adoucir l'impression de cet immense malheur... Je n'ai pas grand talent, je me rejetterai sur un incessant labeur... Voyons, j'ai besoin de toi... plaide ma cause comme je plaiderai la tienne.

— Attends deux jours....

— A quoi bon?

— Nous connaîtrons la vérité alors.

— Elle influera sur ta réponse?

— Oui; libre et heureux, je te tends les deux mains et j'y place celles de ma sœur... Prisonnier ou condamné à mort, je me tais et je m'humilie...

— Voilà où est l'injustice et la folie!

— La triste et austère raison.

— La folie! je l'ai dit; l'injustice, je le répète... Ta sœur sera bien assez à plaindre si tu succombes dans la lutte.

— J'ai serré ce pauvre Gustave dans mes bras.

— Je te promets une chose, lui ai-je dit.

— Laquelle?

— De répéter notre entretien à ma sœur.

Je l'ai quitté, lui laissant une espérance qui me manque à moi-même.

— N'importe! on est heureux de voir qu'il existe de grandes âmes dans ce monde que l'on dit si gâté.

XLIII

PEINES ENCOURUES.

— Je ne comprends rien à ton calme, me disait ce matin Gustave.

— Tu vas en savoir la cause.

— Voyons.

— A quoi est condamné un voleur de rûches d'abeilles?

— Les articles 381 et 383 combinés du code pénal nous donnent la peine des travaux forcés à perpétuité.

— Bien; de quelle peine est passible un incendiaire?

— Article 434, paragraphe 5, du code pénal: *Quiconque aura volontairement mis le feu à des bois ou récoltes abattues sera puni des travaux forcés à temps.*

— Et celui qui brise des scellés?

— Article 251 du code pénal: *Quiconque aura brisé des scellés apposées sur des papiers ou effets, etc., sera puni de la reclusion...* Moyenne: de deux à cinq ans.

— Et un faussaire?

— Article 147 du code pénal: *Seront punis des*

travaux forcés à temps, toutes autres personnes qui auront commis un faux en écriture publique et *authentique*... Moyenne: de cinq à quinze ans.

—Tu vois bien, Gustave, pour avoir, dit-on, volé des diamants du malheureux lapidaire Bruno, on ne peut que me condamner à mort... et j'ai détruit des ruches, incendié la moitié d'une cabane, commis un faux en écriture publique et brisé des scellés.

—Tu es fou!

—Pas le moins du monde.

—J'ai commis beaucoup de fautes, voilà le secret de ce que tu regardes comme de la résignation.

—Des fautes! des fautes! combien d'honnêtes gens...

—Je t'arrête ici... c'est justement pour cette cause... On nuit à autrui, on accumule des mensonges, par son désordre personnel on provoque des malheurs, des ruines... On tourne la loi, on ménage des accommodements avec sa conscience, on esquive toute ordonnance par caprice et par plaisir... On ne s'inquiète jamais des suites de ces plaisanteries... Les amis en rient, vous triomphez au milieu d'eux... Et si, à la fin de votre existence, vous faisiez un examen de conscience, vous n'oseriez certes jeter la pierre à personne.

XLIV

VOLONTÉS DERNIÈRES.

— Ceci est mon testament :

— Moi, Alype Caseaux, sain de corps et d'esprit, et jouissant de toutes mes falcultés intellectuelles, je veux, dans la prévision d'un malheur, enregistrer ici mes dernières volontés.

Je me regarde déjà comme un condamné, et je dispose de mes biens.

Les protestations ne prouvent rien; j'affirme cependant devant Dieu, que je suis complétement innocent du crime dont on m'accuse.

Confiant, non point dans le verdict qui demain sera rendu, mais dans l'avenir, ce grand vengeur, je dispose d'une fortune que la loi ne manquera pas de me retirer, si elle affirme qu'elle est le produit d'un vol.

Je possède pour 100,000 francs de pierreries, don généreux fait par mon excellent et infortuné parrain, Barthélemy Franzon, mort à Calcutta de la fièvre jaune.

Je répartis ainsi cette somme:

1° Je lègue le tiers de ma fortune à ma mère, avec prière de faire célébrer quelques messes à

Notre-Dame de la Garde, pour obtenir de la justice divine une révision de procès au cas où je serais condamné. Sans doute, ce témoignage ne me rappellera pas à la vie, mais il rendra l'honneur à ma chère famille.

2° Je donne 20,000 francs à ma sœur Elisabeth, à titre de dot, lui exprimant le vif désir de la voir épouser mon meilleur ami, Gustave Louviers, lequel m'a, hier, démandé sa main avec la plus touchante délicatesse et l'entraînement de cœur le plus vrai.

3° Une somme de 2,000 francs sera comptée à Eusèbe Mayor, poëte d'avenir, afin qu'il ait la possibilité de faire éditer son livre, composition étrange et trop fantaisiste pour trouver un éditeur.

4° J'affecte une somme de 3,000 francs pour être comptée au petit Maurice Lupin, pauvre enfant que je vois de ma fenêtre dans le préau. Condamné à être détenu jusqu'à sa majorité dans une maison de détention, cette somme lui suffira, pour former un établissement, payer une clientèle.

5° Je prie ma mère de faire d'actives recherches pour retrouver madame veuve Maillard. J'ai été cause d'un grand malheur survenu dans sa famille; je crois qu'elle est dans la plus profonde misère, et, désirant réparer le préjudice que je lui causai, je lui réserve une rente de 600 francs.

6° Pareille somme sera mise à la disposition de Mme veuve Tiburce Audran, et consacrée à des œuvres pour le repos de l'âme de son fils tué dans un malheureux duel.

7° S'il était impossible de les retrouver toutes deux, ces sommes seraient confiées à Mlle Alexie Andrieu; sa charité lui révélera entre quelles mains elle doit placer ses aumônes.

Les intérêts de la terre sont réglés, il reste à léguer ici la plus chère portion de moi.

Mon âme est à Dieu, qui la voit dans sa nudité, mais non souillée du crime dont la chargent maintenant les hommes.

Je laisse mon souvenir à tous ceux qui m'ont aimé.

Enfin, si la preuve de mon innocence est fournie volontairement par un homme, quel qu'il soit, et que sa franchise purifie ma mémoire, je prie ma mère et ma chère Elisabeth de se montrer pour lui généreuses; ce me sera une bien grande consolation dans le monde des justes de savoir mon tombeau allégé de la pierre de scandale.

Fait en ma prison, le 14 décembre 1876, veille du jour où commence pour moi la grande question de la COUR D'ASSISES.

ALYPE CASEAUX.

Paris, le 14 *décembre* 1876.

XLV

DEUX BANDITS.

Une dépêche télégraphique contient ce qui suit :

« Le digne M. Brunel, ce joaillier frappé à Amsterdam dans la maison de M. Van Hottinden, a voulu, malgré l'avis des médecins, se mettre immédiatement en route pour Paris, afin de paraître comme témoin, aux audiences consacrées au vol de diamants dit *affaire Bruno*; sa générosité lui est devenue fatale ; il n'avait pas fait ving-cinq lieues qu'on a dû le transporter évanoui dans une auberge où il a succombé.

« On attend à Paris M. Van Hottinden. »

Bien qu'il ne l'avoue pas, Gustave a comme moi perdu toute espérance. Les circonstances les plus simples, les plus indifférentes se tournent contre moi...

J'ai fait appeler l'abbé Jérémie.

Une fois mes suprêmes devoirs accomplis, je m'abandonnerai à cette Providence, qui ne trompe jamais.

Le petit Nicolas est venu ; son air triste m'a touché. Nicou ne me parle guère; il y a comme des larmes dans sa grosse voix.

Je me suis hasardé à le questionner sur les assassins de M. Brunel.

— Des Termes! m'a-t-il dit; Matteau les garde, et j'en suis content; ces criminels-là me font sauter le cœur dans la poitrine.

Savent-ils que je suis, comme eux, accusé d'un vol de diamants?

— Ils ont fait des demandes de toutes sortes à Matteau, et le petit, le plus gredin des deux, s'est mis à rire comme un damné... Seulement, c'était hier...

— Et ce matin?

— Dame, ce matin, ils ne rient plus.

— Pourquoi?

— Hier on les devait juger pour coups et blessures, suivis de vol avec effraction, et il ne s'agissait que du bagne.

— Mais, Nicou, le bagne est cent fois pire que la mort!

— Pas pour eux... Au bout du bagne ils voient l'évasion. Ces gredins-là, *chevaux de retour* de Toulon et de Brest, ne désespèrent de la liberté que quand leur tête manque à leurs épaules... Aussi faisaient-ils bien au juste leur compte: un maximum soigné... Aujourd'hui, Brunel mort, il s'agit de

Charlot, et il faudra passer par l'*abbaye de Monte-à-regret*, comme ils disent; si bien qu'ils fument comme des locomotives et qu'ils ont cessé de rire...

—De qui tenez-vous ces détails, Nicou?

—De mon collègue... il parlait de cela dans le cabinet du greffe; car nous ne causons guère ensemble... Il paraît aussi que le plus jeune aurait dit à l'autre:

«—Faut pas jeter le manche après la cognée.

«—C'est la cognée qu'on jettera sur nous.

«—Possible; mais j'ai une idée.

«—Pour nous sauver?

«—Vous, je ne sais pas; moi, c'est probable.

«—Et tu abandonnerais ton père dans le malheur?

«—Ça s'intitule un père! a dit le petit en riant à se désarticuler la mâchoire.

«—Peux-tu m'empêcher d'être ton père?

«—Je peux bien ne pas vous reconnaître devant le monde.

«—Je te fais honte, peut-être?

«—Mais vous ne flattez pas trop mon amour-propre.

«—Graine de bagne, va!

«—Voilà une vérité, et c'est la seule bonne raison qui me fait penser que vous pourriez m'être quelque chose... Ce que j'appelle un père, cependant, moi, c'est un homme qui soigne son enfant, travaille pour lui et songe à son bonheur.

« — Est-ce que je ne pensais pas à ta fortune?

« — En m'oubliant sur le pavé?

« — Le gouvernement n'y laisse jamais les enfants.

« — Enfin, vous m'abandonniez...

« — Mais non, on m'arrêtait, voilà tout.

« — Et quand vous vous êtes évadé?

« — Je partais pour l'Espagne... Te réclamer, c'était me livrer... plus tard quand tu m'as dit ton nom...

« — Vous m'avez associé à vos affaires qui étaient mauvaises... elles ont prospéré grâce à moi... mais l'habileté vous manque, et vous êtes cause qu'on nous a pris... Je suis plus fin que vous, moi! J'ai monté des coups aussi brillants, et l'on ne m'a jamais pincé...

« — Ah! oui, le vieux...

« — Taisez-vous! a vivement répliqué le jeune, il y a des moutons ici, et ce n'est pas l'heure de parler...

« — Est-ce que, par hasard...?

« — J'ai quelque chose dans la *Sorbonne.* »

Le guichetier entrait, ils n'ont plus rien dit.

Je me suis tourné vers Nicou:

— Eh bien, quel rapport trouvez-vous entre cet entretien et...?

— Moi, rien, monsieur... Seulement, la justice aura du grabuge... ces êtres-là sont d'un venimeux... Comme ce sont de gros criminels, on les soigne bien, ils prennent de bons repas, obtiennent presque tout ce qu'ils désirent... la justice a des égards...

— Il y aura beaucoup de monde demain, Nicou?

— Oui, monsieur... M. le président est harcelé de demandes... Il semble que le plus grand des plaisirs soit de voir un pauvre jeune homme comme vous traîné sur une sellette d'infamie!

— Vous prierez votre chère Marianne de demander à Dieu du courage pour ma mère et pour ma sœur.

— Oui, oui, m'a répondu Nicou avec une brusquerie qui cachait une émotion violente.

Et, saisissant la main de son fils :

— Viens, Nicolas, viens...

L'enfant s'est jeté dans mes bras.

La tourterelle a roucoulé tristement.

Nicolas a collé ses lèvres fraîches sur mes joues.

— Je te reverrai, dis, monsieur?

— Oui, mon enfant, demain.

Et le gardien et mon petit ami ont disparu.

Dans le préau, la voix argentine de l'enfant aux ruches reprend la complainte du *Pèlerin de Saint-Jacques.*

XLVI

RÉSIGNATION.

Je suis prêt.

Quoi qu'il advienne maintenant, une force divine soutiendra ma faiblesse.

J'accepte la croix lourde placée sur mes épaules. Je me mets face à face avec la réalité. En fermant les yeux, je vois par avance la foule avide; j'affronte, sans les braver, les regards malveillants et curieux, je salue quelques rares amis et j'écoute.

Ce procès est un drame auquel j'assiste. Tous mes efforts suffisent à peine pour me convaincre que cette réalité me concerne, que cet appareil de justice est réuni pour moi... Le saint abbé Jérémie a pleuré tout à l'heure. Il me console, il m'encourage; à défaut d'espérance terrestre, il me donne une espérance divine. Quelle amitié que la sienne! Si je devais vivre, avec quel bonheur je me retrouverais souvent avec lui. Les grands esprits portent en eux une souveraine lumière dissipant les plus profondes ténèbres de l'âme. — Sa vertu est sans austérité, son dévouement sans orgueil, son abnégation sans intérêt. Il aime d'un fraternel amour les malheureux qu'il adopte. En me quittant, il devait descendre dans la cellule des assassins de Brunel et de Van Hottinden. Il sera également consolant et doux. L'Evangile qu'il explique et commente ne varie pas. Le Christ recherchait tellement la société des pécheurs que les scribes et les pharisiens en faisaient le sujet d'un de leurs plus graves reproches. Or, *le serviteur n'est pas plus grand que le maître.* Quand on exprime à l'abbé Jérémie une admiration justifiée par sa conduite, il répond par quelques textes: — *Je ne suis point venu pour ceux qui se portent bien, mais pour ceux qui sont malades. — Je n'éteindrai point la lampe qui fume encore. — Le ciel se réjouit plus de la conversion d'un pécheur que de la persévérance de quatre-vingt-dix-neuf justes.* — Toutes les paraboles sont en faveur des faibles:

« L'ouvrier de la dernière heure reçoit autant que celui qui a porté le poids du jour et de la chaleur.

« Le larron pénitent suit le Christ dans le royaume du père.

« Tout le troupeau est abandonné pour une brebis égarée.

« Le père de famille qui a d'abord remis une partie de son bien au fils prodigue, à l'heure du départ, lui dispense les plus précieux au moment du retour.

Religion des pauvres, des souffrants, des faibles de cœur, des perclus, de tout ce qui pleure, souffre, se lamente et se repent ; elle seule peut soutenir une âme à l'heure où, défaillante, elle va tomber dans l'éternelle nuit.

Que votre volonté soit faite, ô mon Dieu !

XLVII

VEILLÉE SUPRÊME.

Je n'en puis plus... mon cœur est noyé !

Quelles larmes ! quels adieux ! quelle scène déchirante !

Je me croyais fort, je me promettais de les soutenir, de ranimer leur courage ; et, devant leurs pâles visages, leurs regards mouillés de pleurs, leurs âmes déchirées, je me suis senti faible comme un enfant.

On avait permis à ma famille de passer la soirée avec moi.

Gustave accompagna les trois pauvres femmes jusqu'à la porte de la prison. Il ne demanda pas à monter. Son cœur délicat comprenait qu'à cette heure suprême, un ami, même le meilleur, empêcherait l'épanchement.

Pendant un moment nous sommes restés confondus tous trois dans une muette étreinte.

Alexie, pâle et défaillante, s'appuyait contre un meuble.

Enfin, nous nous sommes assis ; ma mère à ma droite, tenant mes deux mains dans les siennes : Elisabeth à ma gauche, penchant son front sur mon épaule.

Les mots que nous prononcions étaient sans suite ; il n'existait dans nos discours d'autre liaison qu'une commune douleur.

C'étaient des exclamations, des soupirs, des noms, des cris, des sanglots.

Au milieu de tout ce désordre, la notion du temps nous échappait.

Nicou a heurté doucement à la porte.

Alors ma mère m'a dit :

— Alype, je te permets de passer au doigt d'Alexie l'anneau de mariage de ton père...

Tristes fiançailles! promesses que la mort dénouera! Veuve de dix-sept ans qui verra mourir celui à qui elle fut promise avant d'avoir détaché son voile et sa couronne.

Pour la première fois, mes lèvres se sont posées sur le front de cette enfant qui veut toute sa vie porter le deuil d'un condamné à mort.

Elle souriait dans sa tristesse mortelle, et ce

parut lui être une consolation que cet engagement suprême.

J'ai parlé bas à Elisabeth; je voulais la préparer à la phrase de mon testament qui concerne son avenir.

Ses larmes ont redoublé, et j'ai dû me taire.

L'heure passait; comme elle passait vite!

—Alype, m'a dit ma mère, pour le monde tu es un homme; pour moi, tu restes mon enfant... Il me semble que ma bénédiction te portera bonheur... La mère tient au sacerdoce par ce pouvoir sacré d'imposer les mains, de prendre le Ciel à témoin de sa prière ardente... Alype... demain tu endureras tout ce que peut souffrir un honnête homme... Souviens-toi qu'il est un asile ou tu restes honoré, estimé : le foyer de la famille... qu'il est des cœurs sûrs de ton innocence! que ton malheur les attachera davantage à toi, s'il est possible, et que jamais nous ne t'avons plus aimé.

Je me suis mis à genoux.

—Que le Seigneur te bénisse comme je te bénis, mon enfant!

Elisabeth s'est emparée de mes mains et les a couvertes de baisers. Je suis demeuré courbé sous la bénédiction de ma mère, anéanti, mort...

Un moment après, elle s'est levée.

— Il faut te reposer, Alype, m'a-t-elle dit; le

sommeil est pour les justes; demain tu dois paraître au tribunal avec un visage calme.

— Ne partez pas ! restez encore ! ai-je dit.

— Monsieur, il est dix heures ! a crié Nicou.

— Tu vois... a repris ma mère.

Une fois, une fois encore nos fronts se sont rapprochés, nos mains se sont serrées...

— Courage ! s'est écrié Elisabeth.

— Espérance ! a murmuré Alexie.

— Résignation ! a dit ma mère.

— J'aurai tout cela ! je vous le promets.

— Et puis, a continué ma sainte mère, pendant l'heure de ta passion, ta mère sera là, montant le Calvaire à ta suite.

Elles atteignaient la lourde porte, elles l'ouvraient et allaient disparaître; j'ai couru à elles, je ne les avais pas assez embrassées encore... J'avais à leur dire combien je les aimais... à boire les larmes que je faisais couler...

Elles se sont arrachées de mes bras... Nicou, qui veillait dans le corridor, a laissé retomber la lourde porte... Je suis seul, tout seul... je leur tends les mains sans qu'elles les pressent ; je les appelle, elles ne répondent plus !

XLVIII

ÉNIGME.

Demain !

. . . .
. . . .
. . . .
. . . .
. . . .
. . . .

XLIX

L'IMPRÉVU.

On me le répète; je le nie.

Ce n'est pas ! cela ne peut pas être !

Je rêve, ce rêve m'effraye; il rendra plus épouvantable la réalité...

On me crie : C'est la vérité ! voyez, les portes s'ouvrent; votre mère vous appelle, votre sœur vous tend les bras. Et je me rejette sur mon lit en sanglotant.

Ne mentez pas, pourquoi mentir? J'ai fait provision de force, je mourrai sans peur, en mourant sans honte. Elles savent mon innocence, que me faut-il de plus?

Ma mère pleure, autour de moi l'on murmure :

— Il est fou ! l'épreuve a été trop cruelle !

Fou! non, j'ai ma raison... l'avocat général a demandé ma tête, il m'a désigné comme l'assasin de Bruno. . . . .

— Ma mère! ma mère! viens à moi, mes idées se troublent, je ne vois plus... l'obscurité est dans mon cerveau, du sang coule à mes pieds et les soude à terre. Parlez-moi... faites-moi comprendre... la notion du vrai m'échappe, tout vacille, tremble, s'écoule, s'abîme...

Je suis puni pour m'être cru fort.

Ayez pitié de moi, mon Dieu!...

L

EN VERTU DE NOTRE POUVOIR DISCRETIONNAIRE...

Je ne rêve pas. Me voici dans mon modeste appartement. Ma mère et ma sœur se tiennent dans le petit salon et causent à voix basse. On a signé ma sortie de prison, on m'a, non pas acquitté, mais renvoyé de l'accusation portée contre moi.

Non-seulement je ne suis point coupable, mais on a trouvé le coupable.

Oui, la Providence est grande, elle conduit tout par des moyens merveilleux.

Le billet remis au président des assises lors de l'interruption de la séance, billet qui causa une émotion si vive, était écrit par le plus jeune des assasins de Morel.

Il demandait à être entendu dans l'affaire, ayant, disait-il, des déclarations à faire, et des détails à donner.

On se rendit à la prison; il refusa de parler, attendant, pour le faire, qu'il fut en présence de la cour et du jury.

Le président ne pouvait guère s'opposer à une audition promettant des résultats graves; le lendemain donc, en vertu de son pouvoir discrétionnaire, au moment de l'ouverture de la séance, il ordonna d'introduire le prévenu.

L'assassin de Morel et de Van Hottinden m'a tout de suite cherché du regard et m'a souri.

— Ils se connaissent! a-t-on murmuré.

Puis le jeune homme a fixé ses yeux perçants sur l'assemblée, les a reportés sur le procureur général puis a fait un mouvement d'épaule en avançant la lèvre inférieure d'une façon significative.

Il dominait parfaitement la situation.

Sans doute il le sentait et jouissait de son succès. Il posait devant la cour d'assises.

Les sténographes attendaient les mots qui allaient tomber de sa bouche; la foule manifestait sa curiosité impatiente; le président a pris la parole.

Vous avez des relations à faire au sujet de l'assassinat de Bruno

— Oui, mon magistrat.

— Parlez, que savez-vous?

Mon magistrat, et vous, messieurs les jurés, vous voyez en moi un misérable...

— Vous n'êtes pas sur le banc des accusés en ce moment; quand vous passerez à votre tour aux assises, vous pourrez faire des aveux.

— Permettez, mon magistrat, je ne parle pas aussi facilement que M. l'avocat général... Quand on me coupe le discours commencé, je m'arrête, je m'entortille... Ce que j'ai à dire est assez intéressant... Je ne suis pas sur le banc des accusés, mais vous m'y verrez dans un mois, et j'aime autant faire des aveux tout de suite... pour ma satisfaction personnelle... Je reconnais donc que je suis un coquin... J'ai la passion des pierreries, affaire d'habitude... Mon père aime l'or, je raffole des bijoux, chacun sa toquade, bien entendu, puisque chacun est ici pour sa peau... Donc, les diamants de M. Van Hottinden me tentèrent... histoire de collectionner, car je possède déjà une jolie poignée de brillants...

— Vous en aviez déjà ?

— Oui, mon magistrat, pour soixante mille francs à peu près... Seulement, ils sont en sûreté; les rendre ne rachèterait pas ma tête... c'est bien assez de sauver celle d'un autre... M. Brunel est mort sans héritiers, la grenouille des forçats héritera du magot... Je crois entendre M. l'avocat général, j'en ai entendu bien d'autres! Il a prouvé que ce jeune homme... je ne le connais pas... est un voleur, un assassin, il a dit: « Qu'on dresse l'échafaud pour ce meurtrier... » Dressez-le, Messieurs, dressez-le, j'y monterai à sa place.

— Vous raillez la cour et la justice, a dit le président.

— Moi, mon magistrat? Dieu m'en garde! je dis seulement: Ce jeune homme n'a pas volé les diamants de M. Brunel, ce jeune homme n'a pas assassiné Bruno.

— Quelle preuve en donnez-vous?

— La preuve, je l'apporte; le coupable, c'est moi.

Un grand cri s'est élevé de la salle.

— Ah! ne me louangez pas de l'avouer... Si le bijoutier Brunel ne fût pas mort de ses blessures, j'aurais peut-être gardé le silence, n'étant passible que des galères... Mais je n'ai rien à attendre, et, je ne veux pas qu'un innocent périsse sans utilité

— Vous avouez avoir commis ce forfait, dit le procureur général; mais qui le démontre?... Justement, parce que vous êtes condamné, à l'avance, pour un autre crime, vous cédez peut-être à une suggestion... vous vous fiez à une promesse. Il nous faut des preuves, des preuves palpables...

— Vous tenez à l'autre! a dit le jeune homme avec un sourire d'une étrange ironie; c'est singulier, moi qui ai tué, versé le sang, je souhaite qu'il vive. J'avoue être l'assassin et vous me croirez tout à l'heure. Vous connaissez mes sobriquets, mais mon nom, mon vrai nom vous échappe... Je suis Antoine Roc. Quand mon père, envoyé au bagne pour vol avec effraction, me laissa tout seul, abandonné... je n'avais d'autre avenir que la maison de correction... elle m'effrayait... c'était la prison, déjà... Un homme, un brave homme...

La voix d'Antoine devint comme enrouée; il s'interrompit un moment.

Il reprit ensuite:

— Un brave homme, Bruno le lapidaire, me réclama, promit de m'élever, de m'apprendre un état...

Au nom de Bruno, un mouvement d'horreur se manifesta dans la salle.

On commençait à comprendre.

Antoine Roc parut jouir de l'impression dramatique qu'il produisait.

Il continua :

— Ce qu'il s'engagea à faire, il le fit... Mais je tenais de ma mère, une bohémienne, et de mon père, un forçat, des instincts que rien ne vainquit... Je travaillais sans prendre goût au travail... J'enviais la vie au soleil, la vie de paresse... J'avais faim de bons dîners, soif de vins fameux ; tous les appétits me venaient... L'état professé par Bruno me poussait même à tous ces désirs qui s'éveillaient et grondaient en moi... Je connaissais la valeur des pierreries... plus d'une fois je reportai chez M. Brunel les diamants taillés par Bruno, et plus d'une fois la tentation me prit de fuir avec une poignée de brillants... Je résistais... On accuserait Bruno ; et quoique je ne l'aimasse guère, parce que je ne peux rien aimer, je ne voulais pas qu'on l'accusât à ma place... Je succombai pourtant... un jour je partis, emportant un brillant de deux mille francs?

— Bruno ne vous dénonça pas?

— Non, monsieur le président. Il alla trouver M. Brunel, dit qu'il avait perdu une pierre, et, comme sa probité était connue, on se contenta du remboursement de la valeur... Un ancien ouvrier de M. Brunel m'apprit ces détails. Avec ces deux mille francs, je vécus six mois... je retrouvai mon père dans un cabaret borgne, il venait de s'évader... Nous nous associâmes... Pendant plusieurs années nous avons commis des vols nombreux chez les bijoutiers; je dirigeais les expéditions... c'est moi qui, sachant par des affiliés qu'un collier de soixante mille francs venait d'être commandé à M. Brunel, m'assurai que Bruno devait en tailler les diamants... Un matin j'entrai chez lui... Il me reconnut et il m'ordonna de sortir... Ça me fit quelque chose de le voir si vieux et si cassé... Mais les diamants étaient là, les diamants brillaient, étincelaient... Je me précipite sur l'établi, je les saisis... Bruno se cramponne à moi... Il veut appeler... j'étouffe ses cris... il se débat et je frappe... en tombant il demande du secours... La fenêtre était ouverte, je m'aide des pieds et des mains, me voilà sur les toits... je suis libre... Il me semble bien que j'entendis une rumeur... mais je ne songeais qu'à la fuite... une croisée en tabatière se présente, je regarde; elle donne dans un grenier vide, j'y descends; je me tapis derrière d'immenses tableaux; le soir venu, je force la porte qui fermait mal... je descends tranquillement l'escalier... je suis dans la rue... je cours rejoindre mon père.

« — Eh bien? lui dis-je.

« — Tout va pour le mieux, le voleur est arrêté.

« — Quel voleur?

« — Celui des diamants de Bruno. »

Et je me mis à rire, je trouvais la farce bonne. Vendre nos pierreries en France était impossible, nous partons pour la Hollande. Je voulais finir l'affaire au plus vite, traiter avec un juif peu scrupuleux; mais mon père entendit parler de la maison Van Hottinden, et il me proposa de monter un coup de main... Ça ne me souriait pas... On a des idées... Il insista... Au fait, il y avait là des pierres pour des millions, et en s'y prenant bien... Nous avions réussi... nos poches étaient pleines, quand mon père, il devait tout perdre! voulut absolument visiter une autre chambre dans laquelle il croyait trouver de grandes valeurs en or... Ce que nous y trouvons, c'est M. Brunel... je le reconnais... je frappe... M. Van Hottinden accourt, il tombe baigné dans son sang... on nous fait prisonniers, on nous amène à Paris... M. Brunel succombe en route... Les motifs pour me taire n'existent plus, et je révèle la vérité... Je sais parfaitement que les juges n'y auront pas égard, que le jury ne se montrera pas moins sévère envers moi; mais, une fois dans sa vie, on peut bien se donner la satisfaction de faire une bonne œuvre!

— Vous vous trompez, a dit en se levant le président d'une voix grave, Dieu vous en tiendra compte.

La cour s'est retirée pour délibérer.

Pendant ce temps, tout changeait de face autour de moi.

Ma mère sanglotait de joie; ma sœur s'était jetée dans mes bras; Gustave serrait mes mains; des bravos éclataient dans cette assemblée tout à l'heure hostile.

J'étais un martyr.

L'assassin de Brunel n'était pas loin de paraître un héros.

Quand la cour est rentrée en séance, le président a pris la parole et a annoncé qu'un supplément d'instruction étant nécessaire, la cause était renvoyée à la session suivante...

LI

RÉVEIL

On ouvre les portes devant moi... Mon innocence est proclamée, on me rend la vue du ciel, l'air, la vie, la liberté!

C'est trop! j'ai peur de mourir de joie.

L'abbé Jérémie et Gustave me mettent en voiture, me ramènent chez moi; ma mère m'y attend avec ma sœur.

Nous ne trouvons rien à nous dire, nous pleurons, groupés, unis, confondus.

Nous avons le ciel dans le cœur!

Sous l'impulsion d'un vif chagrin, comme dans l'explosion d'une joie suprême, l'homme ne trouve que des larmes...

Mais quelles larmes saintes, bénies et précieuses!

Il me semblait que jamais ma mère ne m'avait autant aimé, que jamais n'étaient si profondément arrivés à mon cœur les effluves de cette tendresse. Nous demeurions perdus dans l'absorption d'une joie surhumaine. Quand nous revînmes au sentiment du présent, l'abbé Jérémie souriait avec ce sourire des saints qui renferme une bénédiction.

Gustave restait dans l'embrasure de la croisée, triste, le regard humide, le cœur heureux et pourtant noyé.

Elisabeth l'observait furtivement, et je ne pus m'empêcher d'admirer les hésitations fières et pudiques de ces deux âmes privilégiées.

— Gustave, ai-je dit, l'on croirait, à voir ton attitude, que tu regrettes le sauvetage inespéré de ton ami.

— Oh! peux-tu penser...?

— Sois franc, ajoutai-je, tu ne te consoleras jamais d'avoir perdu l'occasion de faire la meilleure de tes plaidoiries...

— Il n'est guère généreux à toi de railler.

— A moins que, plus avare encore qu'orateur, tu ne pleures en secret la perte de tes honoraires.

Cette fois, Gustave m'a jeté un regard féroce.

— Elle commençait bien, ta plaidoirie, il est presque dommage que le fils adoptif de Bruno l'ait interrompue par une révélation moins littéraire que véridique... Je sais par cœur ta *Catilinaire,* pour prouver que Milon n'avait pas tué Clodius, ou qu'Alype était pur du sang du lapidaire... J'aurais fait un avocat aussi bon, aussi éloquent qu'un autre, tel que tu me vois; si j'avais à plaider... une cause délicate, par exemple, et devant un tribunal aussi compétent que bienveillant, je dirais, en parlant de toi... admettons à cette heure que tu es sur la sellette: « — Ma mère, et toi, ma bonne Elisabeth, l'intervention miraculeuse de la Providence nous libère-t-elle de toute gratitude envers le meilleur des amis, le plus généreux des avocats!... De ce que Dieu s'est montré prodigue, s'ensuit-il que nous devions être ingrats?... Ma mère, s'il eût été au pouvoir d'un homme de te rendre ton fils, il aurait accompli ce prodige... adopte-le par reconnaissance, et qu'Elisabeth me donne le droit d'appeler mon frère celui qui a déjà tant de titres à mon affection. »

Gustave m'a tendu silencieusement la main, et l'a pressée avec une énergie prouvant mieux que des paroles à quel point je venais de remuer les fibres de son cœur.

Elisabeth, qui se tenait près de ma mère, a caché son front sur son épaule; Gustave a saisi la petite main de la chère fille, et quand elle a relevé son visage rouge de pudeur et de joie, Gustave n'a pu douter qu'on l'aimait.

LII

VOIE NOUVELLE

J'ai voulu revoir mon cachot, ma cellule, la salle du greffe, serrer la main de Nicou, embrasser Nicolas sur les deux joues et passer une grande heure dans le cabinet de l'abbé Jérémie.

Ce retour vers les stations de mon calvaire m'a fortifié dans mes résolutions. Il me semble que je sors du tombeau; les bandelettes de Lazare se détachent une à une... .

1.

La clarté se fait; les devoirs se montrent tels qu'ils sont; la société m'apparaît constituée sur des bases meilleures, depuis que je suis prêt à en respecter les lois.

Ma jeunesse est finie; mon existence virile commence. Je viendrai souvent chez l'abbé Jérémie, et je n'oublierai jamais que, reconnu innocent d'un crime épouvantable, je me suis trouvé coupable de beaucoup de fautes et de délits.

LIII

MORALE.

« Ne jugez point, et vous ne serez point jugé.

« Que celui qui est sans péché lui jette la première pierre. » *(Évangile.)*

FIN.

TABLE DES MATIÈRES

EXTRAIT DU CATALOGUE

DE LA LIBRAIRIE

DE L'ŒUVRE SAINT-MICHEL

L'ŒUVRE DE SAINT-MICHEL, qui a été fondée par le R. P. FÉLIX pour la publication et la propagation des bons livres à bon marché, *fait à tous ses associés et* CORRESPONDANTS *une remise de faveur sur toutes ses publications.*

Pour jouir de cette remise, il faut:

1° Être inscrit sur les registres de l'Œuvre comme correspondant.

2° Acheter au moins chaque année quelques-unes de ses nouveautés.

Les libraires correspondants sont obligés d'acheter un exemplaire de chacun des ouvrages nouveaux publiés par l'Œuvre, mais ils peuvent les retourner dans les trois mois. Passé ce délai on ne les reprend plus.

Numᵒˢ.		Prix.
1	**Actes de la captivité et de la mort de** cinq pères de la Cie de Jésus, par le R. P. de Ponlevoy. 1 vol. in-12.......	2 »
2	**Age du monde et de l'homme (L'),** par H. de Valroger. 1 vol. in-12..........	1 »
3	**Amazone chrétienne (L'),** par J.-M. de Vernon, religieux normand. Edition revue et augmentée d'une introduction et de notes par M. René Muffat. 1 vol. in-12	2 »
6	**Ateliers de Paris (Les),** par Pierre Lelièvre. 2 vol. in-12.................	2 »
7	**Bible populaire illustrée (Petite),** revue par M. l'abbé Bouquard. 1 vol. in-12, cartonné......................	1 25
8	**Catacombes (Les),** par dom Maurus Wolter. 1 vol. in-12....................	2 »
11	**Economie sociale devant le christianisme.** Edition populaire, par le R. P. Félix. 1 vol. in-12..................	1 »
12	**Eglise (L'), la Réforme, la Philosophie, et le Socialisme,** par M. Maon de Monaghan 3e édit. 1 vol. in-12....	1 25
13	**Eléonore d'Autriche,** par Mme la comtesse de Charpin-Feugerolles. 1 vol. in-12..................................	1 »
14	**Esprit de la Bible,** par l'abbé Martini, réédité par M. Ph. Valette. In-32....	1 »

Num^{os}. Prix.

15 **Etude de la doctrine catholique dans le concile de Trente**, par le R. P. Nampon. 2 vol. in-12............ .... 2 50

16 **Etudes pratiques du style vocal**, par M. Stephen de la Madeleine. 2 vol. in-12............................... 2 50

17 **Etude sur la question d'Honorius**, par le P. Schneeman, de la Compagnie de Jésus. 1 vol. in-12 .... 1 »

19 **Femme d'après saint Jérôme** (La), par Raoul de Navery. 1 vol. in-12....... 1 25

20 **Français en Amérique** (Les), le Canada, par A. Frout de Fontpertuis. 1 vol. in-12......................... 1 »

21 **France armée** (La), par M. Lahaussois, sous-intendant militaire. 1 vol. in-12... 2 »

22 **Gentilshommes de la cuiller** (Les), par Charles Buet. 1 vol. in-12............ 1 »

23 **Gerbert ou Sylvestre II et le Siècle de fer**, par M. l'abbé Quérant. 1 vol. in-12.............................. 1 »

25 **Histoire de la conquête du Mexique**, par Antonis de Solis. Traduite de l'espagnol par M. de Toulza. 3 vol. in-12.............................. 3 50

26 **Histoire de sainte Radegonde**, reine, par M. le vicomte de M. Th. de Bussière. 2e édition. 1 vol. in-12...... ... 1 »

Numᵉʳ.		Prix.
27	**Introduction à la vie dévote**, par saint François de Sales. Nouvelle édition (elzévir), en vieux style avec l'orthographe moderne. Quelques chapitres ont été supprimés dans cette édition. 1 beau vol. grand in-12	2 »
28	**Ivan le terrible**, roman hist. russe, traduit par le prince A. Galitzin. 1 vol. in-12	2 »
29	**Kiang-Nan en 1869** (Le), relation historique et descriptive, par les missionnaires de la Compagnie de Jésus en Chine, 1 vol. in-12	2 »
30	**Légendes de l'atelier** (Les) par Maurice Le Prévost. in-12	1 »
31	**Le Sueur** (Eustache), par M. L. Vitet, de l'Académie française. 1 vol. in-12	1 »
32	**Lingots d'argent** (Les), par Mendoza de Vives. Traduit de l'espagnol, par M. J. Turck. 1 vol. in-12	
33	**Mlle de Foix et sa correspondance**, par M. l'abbé de Ponchevron. 1 vol. in-12	1 »

Paris. — Imprimerie St-Michel. — G. Téqui. — Apprentis de St-Nicolas. — 92, rue de Vaugirard.

www.ingramcontent.com/pod-product-compliance
Lightning Source LLC
LaVergne TN
LVHW010557110826
845149LV00003B/685

* 9 7 8 2 0 1 9 1 9 7 9 3 3 *